Carl Konegen

Das Rechtsverhältnis zwischen Staat und Kommune in der Wiener Tramway - Frage

Carl Konegen

Das Rechtsverhältnis zwischen Staat und Kommune in der Wiener Tramway - Frage

ISBN/EAN: 9783743443167

Hergestellt in Europa, USA, Kanada, Australien, Japan

Cover: Foto ©ninafisch / pixelio.de

Manufactured and distributed by brebook publishing software (www.brebook.com)

Carl Konegen

Das Rechtsverhältnis zwischen Staat und Kommune in der Wiener Tramway - Frage

Das Rechtsverhältniß
zwischen
Staat und Commune
in der
Wiener Tramway-Frage.

Das Rechtsverhältniß

zwischen

Staat und Commune

in der

Wiener Tramway-Frage.

Von einem Juristen.

Wien 1885.
Verlag von Carl Konegen.

Druck von Friedrich Jasper in Wien.

Vorwort.

Der Reiz der Actualität, mit welchem die wissenschaftliche Bearbeitung einer brennenden Tagesfrage ausgestattet ist, birgt für den Bearbeiter eine doppelte Gefahr in sich: eine subjective und eine objective. Eine subjective, indem die gefährliche Versuchung an ihn herantritt, in einer Frage, in welcher die Rechtsmomente mit volkswirthschaftlichen und politischen Gesichtspunkten in unleidlicher Weise verquickt wurden, und welche — »von der Parteien Haß und Gunst entstellt« — zu einem Schiboleth politischer oder localer Parteien geworden ist — in einer solchen Frage diesen Stimmungen und Einflüssen des Tages eine Einwirkung auf seine Arbeit zu gestatten, welchen sie entrückt wäre, wenn es sich um die akademische Erörterung einer Schulfrage handelte. Dieser subjectiven Gefahr glaube ich glücklich entronnen zu sein. Ich habe die Wahrheit sine ira et studio gesucht, Niemandem zu Liebe, Niemandem zum Verdrusse. Ob ich mein Ziel erreicht, mögen die Berufenen untersuchen. Ich begnüge mich mit dem Bewußtsein der redlichen Absicht.

Die objective Gefahr, welche meiner bescheidenen Studie droht, liegt in der Voreingenommenheit der Leser, welche mit dem Wunsche und in der vorgefaßten Meinung nach dem Buche greifen, in demselben eine Rüstkammer von Argumenten für ihre längst gefaßte und vom Parteistandpunkte beeinflußte Anschauung zu finden, und welche das Buch enttäuscht bei Seite legen, wenn sie sich in ihren Erwartungen betrogen finden. Dieser Gefahr vorzubeugen, lag außer dem Bereiche meiner Macht, und ich wäre nicht untröstlich, wenn mir der Beifall solcher Leser versagt bliebe.

Glücklich dagegen würde ich mich schätzen, wenn die unbefangene Kritik in meiner Studie einen bescheidenen Beitrag zur Lösung einer Frage erblicken sollte, welche nur auf dem Boden des Rechtes zur Zufriedenheit aller Theile ausgetragen werden kann.

Wien, im März 1885.

Der Verfasser.

Bevor wir an die Lösung der concreten Frage, die uns beschäftigt, der »Wiener Tramway=Frage«, wie wir sie kurz nennen wollen, gehen, erscheint es nothwendig, die allgemeinen Rechtsgrundsätze klarzustellen, welche für dieselbe von entscheidendem Gewichte sind. Es ist dies um so unerläßlicher, als es ja überhaupt die vornehmste Aufgabe jeder ernsten wissenschaftlichen Thätigkeit ist, in dem Einzelnen das Allgemeine, in der speciellen Erscheinung den dieselbe beherrschenden, allgemeinen Grundgedanken zu suchen und zu finden.

I.

In erster Linie ist die rechtliche Natur der **Gemeinde=straßen** zu bestimmen. Diese Frage ist eine einfache, weil uns das Gesetz über dieselbe klaren und deutlichen Aufschluß gibt. Im Anschlusse an den § 287 a. b. G. B., der jene Sachen »die allen Mitgliedern des Staates nur zum Gebrauche verstattet werden, als **Landstraßen**, Ströme, Seehäfen und Meeresufer, **allgemeines oder öffentliches Gut**,« dasjenige aber, »was zur Bedeckung der Staatsbedürfnisse bestimmt ist, als das Münz= oder Post= und andere Regalien, Kammergüter, Berg= und Salzwerke, Steuern und Zölle —

Staatsgut« nennt — sagt der § 288 a. b. G. B.: »Auf gleiche Weise machen die Sachen, welche nach der Landesverfassung zum Gebrauche eines jeden Mitgliedes der Gemeinde dienen, das **Gemeindegut**, diejenigen aber, deren Einkünfte zur Bestreitung der Gemeindeauslagen bestimmt sind, das **Gemeindevermögen** aus«.

Schon eine oberflächliche Betrachtung dieses letztgenannten Paragraphen zeigt uns, daß derselbe Eintheilungsgrund, nach welchem die im § 287 bezeichneten Sachen in öffentliches Gut und Staatsvermögen geschieden werden, auch für die Eintheilung der Gemeindesachen in Gemeindegut und Gemeindevermögen maßgebend ist. Zu diesem Schlusse weist uns schon der Eingang dieses Paragraphen (»auf diese Weise«), der nichts als eine Folgerung aus dem ersten Paragraphen, eine sinngemäße Anwendung der im § 287 aufgestellten Grundsätze auf die im § 288 bezeichneten Sachen darstellt. Zudem subsumirt aber der § 287 Landstraßen als Sachen, die allen Mitgliedern des Staates zum Gebrauche überlassen sind, unter den Begriff des öffentlichen Gutes und es fallen somit **Gemeindestraßen**, nachdem die begrifflichen Merkmale des öffentlichen und des Gemeindegutes — abgesehen von dem größeren, beziehungsweise kleineren Kreise der Gebrauchsberechtigten [1] — dieselben sind, als Sachen, die zum Gebrauche eines jeden Mitgliedes der Gemeinde dienen, unter den Begriff des **Gemeindegutes**.

---

[1] Keller, Vorlesungen, 2. Aufl. 1866, § 48 a. E.

Das Westgalizische Gesetzbuch,[2]) aus welchem die bezogenen Paragraphe ins bürgerliche Gesetzbuch fast wörtlich herübergenommen sind, definirt: »Sachen, welche Gemeinden gehören, stehen in zweifachem Verhältnisse; einige davon, als Kirchen, öffentliche Plätze, Brunnen, Bäche, Weiden, Waldungen, Wege dienen zum Gebrauche eines jeden Mitgliedes; sie heißen das **Gemeindegut**. Andere aber, als Häuser, Grundstücke, Capitalien u. dgl. dürfen von Niemandem zu seinem besonderen Vortheile benutzt werden. Die Einkünfte davon sind zur Bestreitung der Gemeindeauslagen bestimmt; sie heißen das **Gemeindevermögen**.« Und der Codex Theresianus[3]) sagt: »Der Gebrauch der Sachen, welche in dem Eigenthum einer Gemeinde sind, ist entweder **der Gemeinde selbst**, mit Ausschließung einzelner Mitglieder, vorbehalten oder **allen einzelnen Mitgliedern derselben gemein**. Zur ersteren Gattung gehören jene Sachen, deren Nutzbarkeit zu den gemeinen Renten und Einkünften gewidmet ist, worunter allemal die Kämmerei und der Wirthschaftsstand der Gemeinde gehört; die Verwaltung aber gebühret Denen, welche hiezu bestellt sind, ohne daß Andere von der Gemeinde eingreifen dürfen. Deswegen sich nach Unseren besonderen, das Wirthschaftswesen der Gemeinden betreffenden Verordnungen zu richten ist. Zur **anderen Gattung** gehören gemeine Weiden, Wälder, Brunn- und Röhrwasser, Mühlen, Brauhäuser, Stein-

---

[2]) Westgalizisches Gesetzbuch, II, § 7 und § 8.
[3]) Codex Theresianus und seine Umarbeitungen, herausgegeben von Harrasowsky, II. Band, Caput I, § V, Nr. 135, 136, 137.

brüche, Leim- oder Sandgruben, Bäder, Schießstätten, **Lustgänge** und dergleichen Sachen, deren Nutzen, Gebrauch und Bequemlichkeit einzelnen Mitgliedern der Gemeinde entweder nach der bei derselben rechtmäßig eingeführten Ordnung oder nach Unseren Verleihungen und Verordnungen zustehet.« — Unser Gesetzbuch hat somit die römisch-rechtliche Eintheilung der öffentlichen Sachen[1]) in res in patrimonio populi (universitatis) — Staatsgut, Gemeindevermögen — und res publicae in publico usu — öffentliches Gut, Gemeindegut — aufgenommen. Die ersteren dienen zur Befriedigung der wirthschaftlichen Bedürfnisse des Staates, beziehungsweise der Gemeinde, zur Bestreitung jener Auslagen, welche dem Staate sowohl wie der Gemeinde zur Erreichung ihrer Zwecke obliegen. Die res publicae, quae in communi usu habentur charakterisiren sich dagegen durch die ihnen inhärente, vorwaltende Bestimmung zum allgemeinen Gebrauche aller Staats-, respective Gemeindeangehörigen und diese ihre Eigenschaft ihrer Hingabe zum Gemeingebrauche ergibt sich einerseits aus ihrer natürlichen Bestimmung, andererseits aus staatsrechtlichen Gründen, welche erheischen, daß der Nutzen, den sie gewähren, dauernd allen Staats- oder Gemeindebürgern zu Gute komme.

---

[1]) **Wappaeus**, Zur Lehre von den dem Rechtsverkehre entzogenen Sachen nach römischem und heutigem Recht, S. 7, 18, 42, 106; **Randa**, Das Eigenthumsrecht nach österreichischem Rechte mit Berücksichtigung des gemeinen Rechtes und der neueren Gesetzbücher, S. 34 ff.

II.

Der zweite Punkt unserer Frage, der eigentliche Angelpunkt derselben, hat zum Gegenstande das Rechtsverhältniß der Gemeinde in Bezug auf ihre Straßen. Diese Frage lautet, um gleich in medias res einzutreten: **Hat die Gemeinde an ihren Straßen Eigenthum oder nicht?** Es war bis in die neueste Zeit unbestrittene Ansicht der Jurisprudenz, daß Eigenthum an res publicae möglich sei. Der Streit zwischen Basel-Land und Basel-Stadt über die Festungswerke der Stadt Basel hat jedoch Anlaß zu einer theilweise sehr lebhaft geführten Polemik gegeben, in deren Verlaufe von der einen Seite das Eigenthum an res publicae als mit dem Begriffe derselben unvereinbar hingestellt, während von der andern Seite an dem Eigenthumsrechte des Staates beziehungsweise der Gemeinde rücksichtlich ihrer res publicae festgehalten wurde. Auf Seite der bisher als richtig angesehenen Theorie standen Dernburg und Rüttimann, den Standpunkt der absoluten Leugnung des Eigenthumsrechtes nahm Keller, insbesondere aber Ihering ein.

Ihering[*] stellt fest, daß die res publicae dem Gebrauche einer unbestimmten Vielheit von Personen gewidmet sind und folgert aus diesem Umstande, daß dieselbe Stellung, die der Eigenthümer dem Eigenthumsobjecte gegenüber einnimmt, jene Subjecte den öffentlichen Sachen gegenüber behaupten. Ihr

---

[*] Ihering, Der Streit zwischen Basel-Land und Basel-Stadt über die Festungswerke der Stadt Basel, S. 38 ff.

Verhältniß zu den Sachen, das **öffentliche Nutzungsrecht oder Recht des Gemeingebrauches**, wie er es nennt, sei nicht minder als das Eigenthum ein Recht im subjectiven Sinne.

In dem obigen kurz skizzirten Gedankengange ist nun Einiges richtig, das Meiste jedoch durchaus falsch.[6]) Richtig ist so viel, daß die res publicae ihrer Natur sowohl, als ihrem ganzen Zwecke nach dem usus publicus zu dienen bestimmt sind. Aber damit ist nur die eine Seite der Frage erschöpft, nämlich das objective Moment derselben, nicht ist aber damit gesagt, wem gehören diese Sachen, **wer ist ihr Eigenthümer?** Ihering verwechselt hier das sachliche mit dem persönlichen Moment und vergißt über den Zweck der Sache nach dem Eigenthümer derselben zu fragen. Wir sind nun aber einmal gewohnt, rücksichtlich jeder Sache zu fragen, wer ist ihr Eigenthümer? und auf diese Frage die Antwort zu erhalten: Die Sache ist Eigenthum des X oder Y oder aber sie ist eine res nullius. Res publicae sind nun eher alles Andere als res nullius und Ihering selbst stellt diese oder eine ähnliche Behauptung nicht auf. Da er nun dem Staate, beziehungsweise der Gemeinde nicht Eigenthum an den res publicae zuerkennen will, so bleibt uns in diesem

---

[6]) Vergl. zu dem Folgenden: Wappaeus a. a. O. S. 87—105; Eisele, über das Rechtsverhältniß der res publicae in publico usu nach römischem Recht, S. 1—39; Kappeler, Der Rechtsbegriff des öffentlichen Wasserlaufes, entwickelt aus den Quellen des römischen Rechtes, S. 1—42; Randa a. a. O. S. 1—28 u. S. 34 ff., deren Darstellung ich im Wesentlichen gefolgt bin.

Falle nichts anderes übrig, als den Zweck, dem diese Sachen gewidmet sind, als Subject derselben zu personificiren. Nun kennen wir bekanntlich nur eine Form der juristischen Person, bei welcher der Zweck als Träger der Berechtigung gedacht wird, nämlich die Stiftung. Es ist aber meines Wissens noch Niemandem beigefallen, zu behaupten, die res publicae seien eine Stiftung, die res publicae seien nichts anderes als ein pium corpus, eine pia causa. Zu solchen Consequenzen gelangt man auf streng logischem Wege, wenn man das Eigenthum des Staates oder der Gemeinde an ihren res publicae leugnet.

Das Recht des Gemeingebrauches ist aber überhaupt kein Privatrecht; denn das Kennzeichen jedes Privatrechtes ist einerseits die Beziehung zu einem bestimmten berechtigten Subjecte und andererseits die Ausschließung anderer Privatrechtssubjecte. Wer ist aber hier der Berechtigte? Das Publicum, »eine unbestimmte Vielheit von Personen«, wie Ihering sich treffend ausdrückt, und diesem Begriffe, der sich nicht umschreiben, der sich nicht begrenzen, der sich mit einem Worte nicht bestimmen läßt, fehlt die wesentlichste Eigenschaft einer privatrechtlich rechtsfähigen Person. Wenn ferner der Einzelne, welcher die persönliche Nutzung ausübt, rechtlich eine persönliche Befugniß auf die Nutzung hätte, dann müßte ihm ja mit zwingender Nothwendigkeit im Falle der Verletzung dieses Rechtes und zum Schutze desselben eine wirksame Klage, eine popularis actio zustehen. Kann aber die Gemeinde nicht ihre Straße, ihren Garten, also res publicae im eminentesten Sinne, verkaufen oder verbauen? Und hat man schon je gehört, daß Jemand, und sei er welcher Gemeindebürger er wolle, ein durch Klage geschütztes Intercessionsrecht geltend gemacht hätte? Die Gemeinde ist durch kein Gesetz, durch keine Verordnung gehindert, ihre res publicae zu veräußern. Heute verkauft sie einen Gemeindegrund als Bauplatz, morgen verbaut sie einen öffentlichen Garten. Aus welchem Rechtstitel könnte sie sich denn die Berechtigung zur Vornahme all dieser Handlungen vindiciren, wenn nicht aus ihrem Eigenthumsrechte, das während der Zeit, da die Sache dem usus publicus diente, blos zurückgedrängt und latent gewesen, in dem Augenblicke aber, wo diese Beschränkung weggefallen, in seinem ganzen Umfange wieder hervortritt? Das Eigenthum an sich ist unbegrenzt; es gleicht dem elastischen Körper, dessen Ausdehnung eingeengt wird, so lange ein Druck auf demselben ruht, welcher aber, gleich diesem, in seine frühere Form zurückschnellt, sobald jener Druck auf ihm nicht mehr lastet. Die partielle Extracommercialität der res publicae, d. h. die Unmöglichkeit der Ausübung gewisser, im Eigenthume gelegener, gleichviel wie gewichtiger Befugnisse ist mit dem Begriffe des Eigenthums nicht unvereinbar. Das Eigenthumsrecht im subjectiven Sinne bezeichnet ja nur die Möglichkeit der relativ vollsten, durch das objective Recht gewährten, durch dasselbe aber zugleich beschränkten Herrschaft über eine Sache. Und nur in diesem Sinne sind die Bestimmungen des Straßengesetzes vom 29. December 1874, L.G.Bl. Nr. 7, 1875, zu verstehen, nach welchen die Gemeindestraßen in gut fahrbarem Zustande erhalten werden müssen (§ 6) und die politische Behörde verpflichtet ist, darauf zu bringen, daß die Benützung der Straße für Jedermann ungehindert bleibe (§ 23). Diese Bestimmungen wollen nichts anderes sagen, als daß das Eigenthumsrecht in Bezug auf die Gemeindestraßen, so lange diese in usu publico stehen, salvo usu publico ausgeübt werden müsse. Das Wesen und der Begriff des Eigenthums liegt überhaupt nicht in einer Summe von bestimmten Machtbefugnissen über die Sache, da sich die Zahl derselben bei dem der Idee nach unbeschränkten Machtkreise des Eigenthums nicht erschöpfend begrenzen ließe. Diese Machtbefugnisse sind wohl Ausflüsse des Eigenthums, Consequenzen dieses an und für sich schrankenlosen Rechtes, nicht aber wesentliche Bestandtheile, nicht essentielle Begriffsmerkmale des Eigenthums. Aus diesem Grunde ist mit dem Eigenthumsbegriffe ganz wohl vereinbar, daß Fibuciar und Fideicommißbesitzer, obschon sie Eigenthümer sind, der Regel nach des Rechtes auf die Substanz der Sache entbehren. Beide sind aber trotzdem wahre Eigenthümer, deren Eigenthum nur durch gewisse Rechte dritter Personen beschränkt ist, welche aber den Keim, die rechtliche Möglichkeit in sich tragen, zur vollen, unbeschränkten Herrschaft über die Sache zu gelangen.

Wer wollte der Gemeinde das Eigenthum an einer Schule, die sie errichtet, an einem Volksbade, dessen Genuß sie der Bevölkerung unentgeltlich verstattet, absprechen? Und doch sind Schule und Volksbad Institutionen, die ihrer ganzen

Natur nach auf Erwerbszwecke nicht angelegt sind, auch nicht angelegt sein können, deren Erhaltung vielmehr der Gemeinde empfindliche Opfer auferlegt, nicht weniger res publicae als Gemeindestraßen. Oder sollte ein begrifflicher Unterschied etwa darin gefunden werden, daß die Schule von 500 Personen frequentirt wird, während die Zahl Derjenigen, welche die Straße benützen, 5000 beträgt? Ich glaube einen Einwand, der von solchen Gründen inspirirt wäre, nicht befürchten zu müssen. Ein solcher Einwand würde sich übrigens sofort in seiner Hohlheit und Leerheit zeigen, wenn wir jenen Fall, der ja auch häufig vorzukommen pflegt, ins Auge fassen: Eine entlegene Straße wird von 1000, ein Volksbad von 100.000 Menschen benützt.

Mit dem bisher Gesagten ist auch Jhering's Ansicht von der Ueberflüssigkeit und Armseligkeit des Eigenthums an öffentlichen Sachen, deren Rechtsverhältniß sich ganz in ihrer Bestimmung zum gemeinen Gebrauch erschöpfe,[7]) zum großen Theile widerlegt. Wer hätte jemals der Gemeinde ihr Eigenthumsrecht bestritten an dem Grase, das auf den Gemeindewegen wächst, an den Früchten, welche die in den Gemeindestraßen wurzelnden Bäume tragen! Ist das unzweifelhafte Recht der Gemeinde, von den Besitzern der gezimmerten Markthütten einen Zins zu fordern, ein Verhältniß, ähnlich demjenigen, welches rücksichtlich der tabernae bestand, nicht die Aeußerung einer blos im Eigenthumsrechte gelegenen

---

[7]) Jhering a. a. O. S 40 a. a. O.

Befugniß? Ist jemals dem Eigenthümer, der seine Sache einem Dritten zum ususfructus überläßt, die nuda proprietas angezweifelt worden? Und ist es überhaupt jemals in Frage gekommen, daß Derjenige, der an seiner Sache eine superficies, also ein dingliches, frei veräußerliches, frei vererbliches Nutzungsrecht bestellt, das Eigenthum an dieser Sache behalte? Und wenn dies Alles wahr ist, wie sollte es möglich sein, daß bei den denkbar stärksten Genußformen das Eigenthum seine überragende Stellung behauptet, daß aber dieses selbe Eigenthum in dem Momente bis zur Nichtigkeit zusammengedrückt, ja sogar excludirt wird, wo der Gemeingebrauch, diese niedrigste Form der Genußmöglichkeit, an einer Sache auftritt! Gerade so wie der Satz: »Scire leges non est verba tenere, sed vim ac potestatem« eine goldene Wahrheit in sich birgt, ebenso nachahmens- und beherzigenswerth, aber nicht nur in der Theorie, sondern auch in der praktischen Nutzanwendung, ist die Ihering'sche These:*) »Wir definiren und classificiren den juristischen Körper nicht nach dem, was er soll oder was er leistet, sondern nach seiner Structur, seinen anatomischen Momenten!«

Die Gemeinde hat somit an ihren res publicae, zu denen auch die Straßen gehören, ebenso wie der Staat an den seinen, unzweifelhaft Eigenthum, wenn auch dessen Ausübung theilweise durch den öffentlichen Gebrauch oder durch im öffentlichen Interesse gegebene positive

---

*) Ihering, Geist des römischen Rechtes, 2. Theil, 2. Abtheilung. Leipzig 1883, S. 365.

Rechtsnormen eingeschränkt ist. Ich sage, **Eigenthum** und nicht, mit **Keller**, **Hoheitsrecht**, weil, wenn man dem Staate und der Gemeinde mit Rücksicht auf den Umstand, daß diese res publicae in ihrem Territorium liegen, ein Hoheitsrecht an denselben zuerkennt, Dörfer für die innerhalb ihrer Markungen gelegenen Straßen mit gleichem Fuge ein solches Recht beanspruchen dürften, und dieses Hoheitsrecht in solcher Anwendung geradezu entstellt und erniedrigt und alles Andere eher darstellen würde, als Dasjenige, was schon nach seiner äußeren Bezeichnung sein innerstes Wesen bilden soll. Ich weiß auch übrigens nicht, was mit diesem Begriffe gewonnen wäre, nachdem materiell selbst nach Keller's Ansicht alle Befugnisse des Eigenthümers in demselben enthalten sind.

Was die positiven Bestimmungen anlangt, so sprechen diese das Eigenthumsrecht der Gemeinde an ihren res publicae auf das Unzweideutigste aus. Der Codex Theresianus, der nicht als Gesetzbuch, wohl aber als eines der werthvollsten Hilfsmittel zum Verständnisse des wahren Sinnes des a. b. G. B. von Bedeutung ist, sagt im Caput I, § IV, Nr. 106: »Offene Straßen und Wege gehören unter das öffentliche Eigenthum des Staates, wo es die Länderverfassung also mit sich bringet und bevorab, wo solche mit landgemeinen Kosten erbaut sind, ansonsten ist **nur der Gebrauch landgemein, das Eigenthum aber von dem Eigenthume des Erdreiches, über welches sie gehen, nicht verschieden.**« Ferner in Cap. I, § V,

Nr. 126: »Sachen der Gemeinde sind jene, deren Eigenthum nicht einzelnen Personen, sondern ganzen **Gemeinden gehörig**, der Gebrauch aber davon entweder der Gemeinde allein vorbehalten, oder allen Mitgliedern derselben gemein ist.« Weiters die schon oben citirte Bestimmung Cap. I, § V, Nr. 135, welche die Sachen, »welche in dem **Eigenthume einer Gemeinde** sind,« lediglich nach der Verschiedenheit ihrer Bestimmung unterscheidet.

In ebenderselben Weise theilt das **Westgaliziische Gesetzbuch** »die Sachen, welche der **Gemeinde gehören**,« in Gemeindegut und Gemeindevermögen. Dieses »gehören« ist nur als Eigenthum zu verstehen, denn heutzutage existirt nicht mehr der Unterschied des römischen Rechtes zwischen »meum esse« und »in bonis esse,« zwischen quiritarischem und bonitarischem Eigenthume; es gibt eben nur ein Eigenthumsrecht, dessen Begriff stets derselbe und unveränderliche ist.

Aus den §§ 286—288 a. b. G. B. erhellt, daß das Eigenthum der Gemeinden an den res publicae blos durch den usus publicus eingeschränkt ist, da auch diese Normen den Unterschied zwischen **Gemeindegut** und **Gemeindevermögen** ausschließlich in der Verschiedenheit der Bestimmung der fraglichen Sachen finden. Der § 290 a. b. G. B bezeichnet ferner ausdrücklich das **öffentliche Gut** als **Staats-** oder **Gemeindegut**.

Das **Reichsgemeindegesetz** vom 5. März 1862, Nr. 18 R. G. Bl., Art. 5 — auf die Gemeindegesetze ver-

2*

weisen schon die §§ 288 und 290 a. b. G. B. — weist der Gemeinde, nachdem sie den Wirkungskreis derselben in einen selbständigen und übertragenen eingetheilt hat, als in den selbständigen fallend im Absatz 3 ausdrücklich zu: »Die Sorge für die Erhaltung der Gemeinde-Straßen, -Wege, -Plätze, -Brücken, sowie für die Leichtigkeit des Verkehrs auf Straßen, Gewässern und die Flurenpolizei.« Der Artikel 18 spricht denselben Gedanken noch präciser aus. Der § 26 der Gemeindeordnung für Oesterreich unter der Enns vom 31. März 1864, Nr. 5 L. G. B., stimmt mit dem oben citirten Artikel fast wörtlich überein. Der Erlaß des Ministeriums des Innern vom 11. December 1850, Z. 13.353, normirt im §1: »Alles, was der Gemeinde zugehört, alle ihre »körperlichen und unkörperlichen Sachen,« heißen das Gemeindeeigenthum;« §. 2: »Das Gemeindeeigenthum ist entweder das Gemeindevermögen oder das Gemeindegut;« § 6: »Jene der Gemeinde eigenthümlichen Sachen, welche blos zum Gebrauche der Gemeindeglieder dienen (Gemeindebürger oder Gemeindeangehörige) bilden das Gemeindegut im engeren Sinne.«

Ich glaube somit nachgewiesen zu haben, daß der Gemeinde sowohl nach allgemeinen Grundsätzen, als auch nach den positiven Bestimmungen des österreichischen Gesetzes Eigenthum an ihren Straßen zustehe. Und was wäre auch im Wesen der Sache begründeter, als dieses einzig natürliche Verhältniß der Gemeinde zu ihren Straßen? Wenn einmal ein großer Jurist das Eigenthum als »die sachlich erweiterte Peripherie der Persönlichkeit« bezeichnet hat, so ist diese Erklärung wie für unseren Fall geschaffen. Die Gemeinde, deren vornehmste Bestimmung, ja deren einziger Zweck es ist, öffentlichen, gemeinnützigen Interessen zu dienen, erweitert ihre Persönlichkeit in Bezug auf die gemeinnützigen Sachen: Sie hat an ihnen Eigenthum.

III.*)

Die Gemeinde ist somit Eigenthümerin der Gemeindestraßen. Was folgt daraus? Daraus folgt, daß die Gemeinde gleich jedem anderen Eigenthümer das Verfügungsrecht über ihr Eigenthum hat. Es ist diese Schlußfolgerung eine so klare, eine so einleuchtende, sie ergibt sich mit solch' zwingender Nothwendigkeit aus dem Eigenthumsbegriffe, daß die Annahme des Gegentheils geradezu die Verkennung der einfachsten Elementarbegriffe dieses wichtigsten aller Rechte bedeuten würde. Das Eigenthum ist der Grundstein, wie jedes anderen Gemeinwesens, so auch insbesondere des Staates; es ist der Angelpunkt jeder gefesteten, in sich geschlossenen, menschlichen Ordnung, und man rüttelt nicht ungestraft an diesem Rechte, welches zugleich Ausgangspunkt und Endziel jeder menschlichen Bestrebung ist.

Jedes Recht aber und sei es ideell das mächtigste und bedeutendste, findet seine Begrenzung in der Rücksicht auf das allgemeine Wohl, mit welchem es nicht vereinbar ist,

---

*) Vergl. zu dem Folgenden: Randa a. a. O. S. 94—119.

daß die schrankenlose Ausübung dieses Rechtes, das rücksichtslose Festhalten an den aus diesem Rechte entspringenden Befugnissen das gleich gute Recht eines Dritten oder die im Interesse des allgemeinen Wohles gesetzlich normirten Einschränkungen übertrete. Der Einzelne - und nur ein solcher ist auch die Gemeinde — ist blos ein Glied in dem zur Erfüllung der höchsten Zwecke gegründeten Gemeinwesen. Der Staat schützt und ermöglicht jedem seiner Angehörigen die freie Bethätigung seiner geistigen und materiellen Kräfte; er verbürgt jeder seiner Hoheit unterstehenden physischen oder moralischen Person die natürlichen Bedingungen ihrer Wohlfahrt; er garantirt ihnen den rechtlichen Bestand ihrer Existenz. So lange also die Gemeinde innerhalb der Grenzen ihrer Befugnisse ihre unzweifelhaften Rechte zur Geltung bringt, so lange sie in der Ausübung ihrer Rechte weder die wohlerworbenen Rechte eines Dritten, noch die in den Gesetzen zur Erhaltung des Gemeinwohles vorgeschriebenen Beschränkungen verletzt, so lange wird auch auf die Gemeinde der Satz Anwendung finden: Qui suo jure utitur, neminem laedit. Der an sich richtige Gedanke, daß der Staat vermöge seines Hoheitsrechtes ein berechtigtes Interesse daran hat, daß die Ausübung des Eigenthumsrechtes dem Gemeinwohle nicht widerstreite, findet seine Grenze in den positiven Vorschriften. Eine Erweiterung desselben mag de lege ferenda wünschenswerth erscheinen: de lege lata ist eine solche Erweiterung, vorausgesetzt, daß sie das bestehende Gesetz nicht ausdrücklich vorsieht, unbedingt abzuweisen.

Denselben Gedanken, der im Vorstehenden ausgeführt wurde, spricht der § 364 a. b. G. B. aus, der uns den Rahmen bezeichnet, innerhalb dessen die Ausübung des Eigenthums zulässig erscheint und der zugleich maßgebend ist für die rechtliche Beurtheilung unserer Frage. Der § 364 a. b. G. B. lautet: »Ueberhaupt findet die Ausübung des Eigenthums nur insoferne statt, als dadurch weder in die Rechte eines Dritten eingegriffen, noch die in den Gesetzen zur Erhaltung und Beförderung des allgemeinen Wohles vorgeschriebenen Einschränkungen übertreten werden.«

Die Frage nun, die wir zu lösen haben, ist folgende: Liegt darin, daß die Gemeinde der Tramway-Gesellschaft ihre Straße zur Ueberspannung mit Schienen nicht überläßt, eine Uebertretung der Rechte eines Dritten, also in diesem Falle der Rechte der Tramway-Gesellschaft; oder involvirt etwa dieses Vorgehen der Gemeinde eine Ueberschreitung der gesetzlich zur Erhaltung und Beförderung des Gemeinwohles festgesetzten Beschränkungen?

Der Widerstreit zwischen dem individuellen Rechte und der höheren Idee des Staates kann aber nicht nur die Beugung des Privatrechtes unter das öffentliche Recht durch Beschränkung der Ausübung des Eigenthums, wie dies im § 364 a. b. G. B. normirt ist, zur Folge haben, sondern auch geradezu die zwangsweise Entziehung, beziehungsweise Uebertragung des Eigenthumsrechtes, resp. die zwangsweise Constituirung eines dinglichen Rechtes bewirken.[10]) Es ist unbedingt richtig und muß von Jedermann zugegeben werden, daß, wenn eine Norm einer bestimmten Unternehmung die Ausübung des Enteignungsrechtes unter den gesetzlich vorgeschriebenen und demgemäß genau einzuhaltenden Formen zusichert, das Gemeindeeigenthum[11]) — vorausgesetzt, daß an res publicae die Enteignung in gleicher Weise möglich ist, wie an res privatae — dieser Ausnahmsbestimmung nicht um Haaresbreite weniger unterliegt, als das Eigenthum des X oder Y. Die Gemeinde soll eben in Bezug auf ihr Eigenthum **nicht schlechter**, aber auch andererseits **nicht besser** stehen, als jeder andere Eigenthümer in Bezug auf das seine. Wir werden somit im Anschlusse an unsere erste Untersuchung die weitere Frage zu beantworten haben: **Ist die Ausübung des Enteignungsrechtes zu Gunsten von Tramway-Unternehmungen in Ansehung von Gemeindestraßen zulässig?**

IV.[12])

Die Gemeinde ist berechtigt, ihre Straßen der Tramway-Gesellschaft nur unter den in dem Vertrage vom 7. März 1868 festgesetzten Bedingungen zur Einlegung von Schienensträngen

---

[10]) Randa a. a. O. S. 129.
[11]) Randa a. a. O. S. 134 ff.
[12]) Vergl. zu dem Folgenden: Tezner, Zur jüngsten österreichischen Tramway-Frage. »Juristische Blätter« vom 21. und 28. December 1884.

zu überlassen, ohne daß dieselbe durch Festhalten an diesem ihrem rechtlich unanfechtbaren Standpunkte sich eines Eingriffes in das Recht der Tramway-Gesellschaft schuldig machen würde. Die Tramway-Gesellschaft hat den oberwähnten Vertrag, der das Rechtsverhältniß zwischen Gesellschaft und Gemeinde ordnet, durch ihre vertretungsbefugten Machthaber, frei von Zwang und Irrthum, abgeschlossen. Die Tramway-Gesellschaft ist an den Vertrag nicht weniger gebunden, als die Gemeinde selbst und sie darf sich nicht beklagen, wenn die Gemeinde auf die Ausführung des Vertrages besteht, auf dessen Inhalt sie ja den allerwesentlichsten Einfluß genommen. Es ist eine alte Regel, eine Regel, deren Alter nur durch ihre innere Wahrheit übertroffen wird: Volenti non fit injuria. Das Recht der Tramway-Gesellschaft ist mithin durch stricte Beobachtung jenes Vertrages in keiner Weise verletzt.

Verletzt die Gemeinde durch diese Art der Ausübung des Eigenthumsrechtes die im Interesse des **allgemeinen Wohles** gegebenen Beschränkungen desselben? Der Schlüssel zur Lösung dieser Frage liegt in der Darstellung des Vorganges, der nothwendig ist, um ein Tramway-Unternehmen zu activiren, in der Bezeichnung der diesfalls competenten Organe und in der möglichst scharfen Abgrenzung der denselben zukommenden Machtsphäre.

Welche Rechte stehen nun der Gemeinde bei der Anlegung von Tramway-Unternehmungen zu?

Da die Gemeinde Eigenthümerin der Gemeindestraßen ist, so hat sie das **Verfügungsrecht** über dieselben soweit dieses Recht nicht durch die ihnen innewohnende Bestimmung, dem öffentlichen Gebrauche zu dienen, ausgeschlossen ist. Wer also innerhalb des Rahmens des Gemeingebrauches die Straßen benützt, braucht die Gemeinde um eine diesbezügliche Erlaubniß nicht zu bitten, da ja die Straßen zu einer derartigen Benützung recht eigentlich bestimmt sind. Nicht aber jeder gemeinnützige Gebrauch ist zugleich ein Gemeingebrauch und nur den letzteren hat der § 288 a. b. G. B. im Auge, wenn er die Benützung des Gemeindegutes einem jeden Mitgliede der Gemeinde zusichert. Worin besteht aber der Gemeingebrauch an Straßen? Im Gehen, Reiten und Fahren. Wenn sonach eine Straßenbahn auf einem Straßennetze sich etabliren will, welches die Gemeinde mit großen Kosten für Fußgänger und Fuhrwerke herstellt, welches sie mit großen Opfern in gutem Zustande erhält, so hat die Gemeinde als Eigenthümerin der Straßen zu bestimmen, inwieweit sie ihr Eigenthum zu solchen Zwecken hergeben will. Die Gemeinde hat das Recht, und zwar das alleinige und ausschließliche Recht, an ihren Straßen ein solches Sonderrecht einzuräumen, an ihren Straßen ein solches Privilegialrecht zu gewähren.

Die Gemeinde kommt aber in unserem Falle nicht nur als Eigenthümerin in Betracht, sie hat auch als autonomer Verwaltungskörper das Recht und die Pflicht der Localpolizei, d. h. der Bau- und Straßenpolizei (§ 64 der Gemeindeordnung), und hat in dieser Richtung die Befugniß, die Ausführung jener Anlagen und Vorkehrungen von der Tramway-Unternehmung zu verlangen, welche zur Erhaltung der Sicherheit im Straßenverkehre nothwendig erscheinen. Die Gemeinde hat somit das Recht, zu bestimmen, einmal ob und zweitens **unter welchen Bedingungen** sie ihre Straßen einem Tramway-Unternehmen überlassen will.

Neben der **Unternehmung**, für die das Geldinteresse, neben der **Gemeinde**, für welche das örtliche Interesse maßgebend ist, erscheint aber noch als dritter Factor der **Staat**, welcher frei von jedem selbstsüchtigen - an sich noch so berechtigtem — Motive, blos geleitet von der Rücksicht auf das allgemeine Wohl der Gesammtheit und deren wahre Bedürfnisse, sich das Recht vorbehalten muß, darüber zu entscheiden, ob eine solche Unternehmung überhaupt geeignet ist, die von ihr intendirten Zwecke zu erfüllen und welcher insbesondere weiters auch jene Linie zu ziehen hat, deren Einhaltung dringend geboten ist im Interesse der allgemeinen Sicherheit und deren Ueberschreitung aufs Empfindlichste verstoßen würde gegen jene Cautelen, welche der Staat als Schützer der öffentlichen Ordnung zu treffen hat. Mit einem Worte: **der Staat hat das Recht der Concessions-Ertheilung**; er hat das Recht, einer Transportunternehmung, deren nach festen Grundsätzen geregelter Betrieb zum Segen, deren regel- und zuchtloser Betrieb dagegen zum Fluche der Bevölkerung ausschlagen müßte, ähnlich wie andere Unternehmungen, deren Betriebsanlage nach dem Gewerbegesetze behördlich genehmigt werden muß, die Betriebsbewilligung zu ertheilen. Der Staat hat das Recht, diese Gewerbe-Concession zu ertheilen und hat weiters das Recht, **die Ertheilung dieser Concession an die genaue Beobachtung jener Bedingungen zu knüpfen, welche ihm als Minimum zum Schutze und zur Erhaltung der allgemeinen Ordnung und Sicherheit gelten.** Gerade deshalb, weil der Staat von der Hochwarte einer unbefangenen, durch keine Nebenabsicht getrübten Anschauung die Dinge beurtheilt, ist er mit Ausschluß der Gemeinde, die möglicherweise durch pecuniäre Vortheile veranlaßt, ein Privilegium auf Kosten des usus publicus ertheilen könnte, berechtigterweise dazu berufen, eine Gesellschaft salvo usu publico zu concessioniren. Durch dieses Recht wahrt sich der Staat jene Bedeutung, die seiner Stellung als Schützer der öffentlichen Interessen entspricht.

Wir sehen somit, daß zur Etablirung von Tramway-Unternehmungen **zwei** Competenzen nothwendig sind, welche sich durchaus nicht aufheben, die vielmehr in ihrer wechselseitigen Ergänzung, aber **nur** in ihrer wechselseitigen Ergänzung die Kraft zur endlichen Durchführung eines solchen Unternehmens haben. Concession und Straßenbenützungsrecht verhalten sich zu einander, wie Schale und Kern. Durch die Concession wird nur die spes auf die wirkliche Realisirung, das ipsum jus, die bloße Existenzberechtigung des Unternehmens begründet, durch das Straßenbenützungsrecht von Seiten der dazu competenten Gemeinde erhält das Unternehmen erst Leben, praktische Gestaltung, wirkliches Dasein, wird der Begriff erst zur That. Beide Competenzen, die eine wie die andere sind gleich nothwendig, die eine ohne die andere ist gleich machtlos; im zielbewußten Zusammenwirken Beider liegen die Vorbedingungen für das Inslebentreten der Tramway-Unternehmung.

Die Sache ist so einfach und klar, daß es uns Wunder nehmen muß, nicht einem allseitigen Verständnisse derselben zu begegnen. Die Gegenprobe wird sicherlich Jedermann überzeugen. Nehmen wir den Fall an, die Gemeinde hätte ihre Straßen einer Tramway-Unternehmung zur Einlegung von Schienensträngen überlassen, der Staat aber aus irgend einem Grunde die Concession nicht ertheilt. Wird irgend Jemand auch nur einen Augenblick darüber in Zweifel sein, daß die Tramway-Unternehmung nicht ins Leben treten kann? Und eine Verordnung sollte mehr Kraft haben, als dasjenige Recht, welches durch Gesetz wie durch Herkommen in gleicher Weise geheiligt ist, als dasjenige Recht, welches gewissermaßen alle Rechte in sich vereint, sollte mehr Kraft haben, als das Recht des Eigenthums!

Die Gemeinde muß somit ihre Zustimmung zur Benützung der Gemeindestraßen durch Tramway-Unternehmungen ausdrücklich ertheilen. Die Gesetzgebung Frankreichs und Belgiens ist in dieser Beziehung für die Gemeinden weit günstiger als die österreichische und der Standpunkt, den wir im Anschlusse an die Bestimmungen des österreichischen Rechtes eingenommen haben.

So sprach der französische Staatsrath [13]) bei Anlaß der Concession für eine Pferdebahn zwischen Vichy und Cusset (Allier) die Ansicht aus, daß, wenn die Bahn städtische oder Gemeindestraßen benütze, die Herstellung derselben nur mit **Zustimmung** (approbation) **der Gemeindebehörden** bewilligt werden dürfe.

Am 22. Februar 1872 hatte der Staatsrath [14]) sich darüber ausgesprochen, **ob es in die Befugnisse eines Präfecten falle, die Herstellung einer Pferdebahn zu bewilligen.** Er verneinte diese Frage im Allgemeinen mit Rücksicht auf die Stellung des Präfecten, der in Sachen der Straßen nur befugt ist, die zur Erhaltung derselben und zur Sicherheit des Verkehres nöthigen Maßnahmen zu treffen und in Sachen der Wege (chemins vicinaux) nur über das auf Ueberwachung und Erhaltung der Wege Bezügliche verfügt, vorbehaltlich des der Gemeindeautorität vorbehaltenen Polizeirechtes und dem sonach **nicht das Recht zugemessen werden kann, den Bau und Betrieb einer Eisenbahn zu bewilligen und zu reglementiren** u. s. w.

Mit dem Netze der Pariser Straßenbahnen [15]) tritt zum ersten Male das seither immer von der Verwaltung befolgte System ins Leben, **die Concession dem interessirten Departement oder der betheiligten Stadt zu geben,** mit

---

[13]) Stüssi, Straßenbahnen, Einiges über deren Concession und Gesetzgebung. Zürich 1877. S. 2, Nr. 3.
[14]) Stüssi a. a. O. S. 3, Nr. 4.
[15]) Stüssi a. a. O. S. 3, Nr. 5.

dem Vorbehalte, daß diese ihrerseits das Unternehmen Dritten abtreten können. Das Decret bezüglich des Pariser Netzes ist das erste, welches die Erklärung des öffentlichen Interesses (utilité publique) des Unternehmens enthält und das Expropriationsrecht verleiht.

Das belgische Gesetz, betreffend die Tramways, vom 9. Juli 1875,[16]) bestimmt im Artikel 1: Die Tramways werden concedirt:

a) durch die Gemeinderäthe, wenn sie sich nicht über das Territorium mehr als einer Gemeinde erstrecken und ausschließlich auf Gemeindewegen oder hauptsächlich auf Gemeindewegen und nur beiläufig auf staatlichen oder Provinzialstraßen hergestellt sind;

b) durch die ständigen Commissionen der Provinzialräthe, wenn sie sich über das Territorium mehr als einer Gemeinde in derselben Provinz erstrecken und ausschließlich oder hauptsächlich auf Gemeindewegen hergestellt sind;

c) durch die Provinzialräthe, wenn sie, ohne die Grenzen der Provinzen zu überschreiten, ausschließlich auf Provinzialwegen oder vornehmlich auf solchen und beiläufig auf Gemeinde- oder Reichsstraßen hergestellt sind;

d) durch die Regierung:

1. wenn sie ausschließlich oder vornehmlich auf Reichsstraßen hergestellt sind;

2. wenn, welches der Charakter des Weges sei, sie sich über das Territorium mehr als einer Provinz erstrecken.

---

[16]) Stüssi a. a. O. S. 37 ff.

Artikel 2. Die durch die Gemeinderäthe ertheilten Concessionen unterliegen der Begutachtung durch die ständige Commission des Provinzialrathes und der Bestätigung des Königs.

Keine Concession darf durch die ständigen Commissionen der Provinzialräthe oder durch diese letzteren ertheilt werden, ohne daß die betheiligten Gemeinden befragt worden wären.

Jede solche Concession bedarf der Bestätigung des Königs.

Keine Concession wird durch die Regierung gewährt, ohne daß die betheiligten Gemeinden und Provinzen gehört worden wären.

Artikel 5. Die jährlich vom Concessionär zu zahlende Abgabe fällt dem Staate, der Provinz oder der Gemeinde zu, je nach dem Charakter der Wege, auf welchen die Tramway hergestellt ist.

Wenn die Tramway Wege verschiedener Classen benützt, so bestimmt der Concessionsact die Vertheilung der Abgaben.

Artikel 7. Die Polizeireglements, betreffend den Betrieb der Tramways, werden durch diejenige Behörde festgestellt, von welcher die Concession ausgeht. In allen Fällen müssen sie von der Regierung genehmigt sein.

Artikel 8. Die Art und Weise der Trace und des Transportes, wie sie im Concessionsact festgesetzt wird, darf nur nach stattgehabter Untersuchung und mit Genehmigung der Regierung, nach Anhörung der Gemeinde und der Provinzialbehörden, gewählt werden.

Wenden wir uns nun der Besprechung jener gesetzlichen Anordnungen zu, welche für die Wiener Tramway=Frage maßgebend sind, so müssen wir vor Allem die principielle Bemerkung vorausschicken, daß, da auf dem Boden des österreichischen Rechtes das Recht der Concessions=Ertheilung einzig und allein dem Staate gebührt, jene ausländischen Bestimmungen, nach welchen dieses wichtige Recht den autonomen Gemeinden zusteht, für uns in keiner Weise entscheidend sind oder auch überhaupt nur irgendwie in Betracht kommen. Mag man über die Zweckmäßigkeit der Competenz der Gemeinde zur Ertheilung von Concessionen an Tramway=Unternehmungen vom Standpunkte der Gemeindeautonomie welcher Ansicht immer sein, wir haben nicht darnach zu fragen, was sein soll, sondern ausschließlich darnach, was de jure ist.

In der ersten gesetzlichen Anordnung, betreffend die Errichtung von Pferdeeisenbahnen, der a. h. Entschließung vom 25. Februar 1859,[17]) wurde der Handelsminister ermächtigt, solche Unternehmungen versuchsweise zu gestatten, »wobei sich übrigens« — von anderen Punkten abgesehen, die uns hier nicht interessiren — »gegenwärtig zu halten sei:«

a) »daß jedes Privatrecht und jeder Privatanspruch vollkommen unbeschädigt zu bleiben haben, somit auch eine zwangsweise Expropriation[18]) nicht stattfinden solle;«

---

[17]) Sammlung der das österreichische Eisenbahnwesen betreffenden Gesetze, Verordnungen ꝛc. von Pollanetz=Wittek. I. S. 49.

[18]) Diese letzte Bestimmung ist durch den § 47 des Eisenbahn=Enteignungsgesetzes vom 18. Februar 1878 derogirt.

b) »daß auf alle Rücksichten des unbeirrten, öffentlichen Verkehres, sowie der Sicherheit überhaupt der vollkommenste Bedacht zu nehmen sei u. s. w.«

In der a. h. Entschließung vom 8. März 1867[19a]) heißt es, daß der Handelsminister ermächtigt wäre, »mit Concessionirungen von Pferdebahnlinien, sei es der Firma Schaeck-Jaquet & Comp., sei es an andere Unternehmer, auf Grundlage der a. h. Entschließung vom 25. Februar 1859 auch fernerhin vorzugehen.«

Im Handelsministerial-Erlasse vom 8. Juli 1868,[19b]) Z. 8858—1155, welcher die Anwendbarkeit der §§ 1—4 des Eisenbahn-Concessionsgesetzes vom 14. September 1854, R. G. Bl. Nr. 8, rücksichtlich der Errichtung von Pferdebahnen auf bereits bestehenden Straßen ausschließt, da die Concession derselben nicht im Sinne der Concessionsgesetze, sondern auf Grund der a. h. Entschließung vom 25. Februar 1859 durch den Handelsminister nach vorausgegangener, eingehender Prüfung der einschlägigen Localverhältnisse von Seiten der Landesbehörde erfolgt, heißt es zum Schlusse: »Die wirkliche Ausführung der Pferdebahn muß dem Einverständnisse der Unternehmer mit den Eigenthümern der betreffenden Straßen anheimgestellt bleiben und muß im Wege dieses Uebereinkommens auch die Festsetzung der durch die besonderen localen Rücksichten gebotenen Modalitäten erfolgen.«

[19 a u. b)] Pollanetz-Wittek a. a. O. I, S. 49.

In dem Handelsministerial-Erlasse vom 4. Juli 1870, Z. 9054—1887,[20]) in welchem die Staatsverwaltung mit vollem Fuge für sich das Recht in Anspruch nimmt, »die Modalitäten der Herstellung von Pferdebahnen auf gewöhnlichen Straßen zu überwachen und mithin die Bedingungen der Anlage zu genehmigen,« heißt es weiter: »Mit diesem Grundsatze, welcher bei der Ausführung aller bisher concessionirten Pferdebahnen amerikanischen Systems festgehalten worden ist, und der sich auf das Rechtsverhältniß der Concessionäre zur Staatsverwaltung aus dem Titel der Concession bezieht, mithin dem öffentlichen Rechte angehört, ist eben das in dem Erlasse vom 8. Juli 1868 ausgesprochene Princip sehr wohl vereinbar, daß die **wirkliche Ausführung einer Pferdebahn dem Einverständnisse der Unternehmer mit dem Eigenthümer der betreffenden Straße anheimgestellt bleibt, und daß im Wege dieses Uebereinkommens auch die Feststellung der durch die besonderen localen Rücksichten gebotenen Modalitäten erfolgen müßte.**« Dann heißt es weiter: »Indem dieser letzteren (der autonomen Gemeinde) vielmehr nach den bestehenden Bestimmungen die umfassende Wahrung der ortspolizeilichen und sonstigen localen Rücksichten gesichert ist, wie dies bereits mit dem Erlasse vom 28. März 1869, Z. 3549—1044, hervorgehoben wurde, kann durch die communale Ingerenz doch keineswegs

[20]) Pollaneß-Wittek a. a. O. III, S. 290 ff.

der Staatsverwaltung jene Einflußnahme entzogen werden, welche zum Zwecke der Wahrnehmung der über den örtlichen Kreis hinausreichenden Verkehrs- und Sicherheitsinteressen nothwendig erscheint.«

Aus den bisher angeführten Bestimmungen ergibt sich:

1. Daß der Staat und nur der Staat das Recht hat, der Tramway-Unternehmung jene besondere Concession zu verleihen, deren dieselbe als privilegirte Gewerbeunternehmung bedarf, daß der Staat aber hiebei zugleich als Vertreter und Hüter der allgemeinen Interessen und in Ausübung seines Wegehoheitsrechtes das Recht und die Pflicht hat, jene Ausführungsmodalitäten festzusetzen, welche mit Rücksicht auf den allgemeinen Verkehr und die allgemeine Sicherheit unerläßlich erscheinen. Der Staat hat in seiner natürlichen Mission dafür zu sorgen, daß res publicae nicht dem usus publicus entzogen werden und deshalb hat er allein darüber zu entscheiden, welche Unternehmung überhaupt mit dem usus publicus vereinbar ist und hat weiters darüber zu entscheiden, welche Grundsätze bei der Ausführung dieses Unternehmens maßgebend sein sollen, damit die Ausübung dieser Unternehmung salvo usu publico möglich sei, damit die Ausübung des usus publicus mit der Ausübung der von ihm concessionirten Unternehmung nicht collidire. Hat der Staat aber die Concession ertheilt und andererseits jene Bedingungen festgesetzt, unter denen er die Ausführung des Unternehmens gestattet, so ist seine Thätigkeit erschöpft und die Gemeinde tritt in ihre Rechte.

Der Einfluß der Gemeinde ist gleichfalls in zweifacher Richtung wirksam. Einmal ist die Gemeinde Eigenthümerin der Gemeindestraßen und als solche, da Privatrechte nach der a. h. Entschließung vom 25. Februar 1859 sub a unbeschädigt zu bleiben haben, berechtigt, einer Pferdebahn ihren Straßengrund zur Benützung zu überlassen oder zu verweigern. Die Gemeinde hat nach dieser und nach den anderen Bestimmungen, welche sämmtlich die obgenannte a. h. Entschließung, diese Grundlage der bezüglichen Normen, citiren und variiren, das Recht, ihren Straßengrund blos auf Grund eines entsprechenden Uebereinkommens, eines diesbezüglichen Vertrages der Tramway-Gesellschaft zur Benützung zu überlassen. Da aber in der mehrerwähnten a. h. Entschließung vom 25. Februar 1859 sub b gesagt wird, daß auf alle Rücksichten des unbeirrten, öffentlichen Verkehres und der Sicherheit überhaupt der vollkommenste Bedacht zu nehmen ist, so hat die Gemeinde, als diejenige Behörde, welche die Localpolizei auszuüben hat, zweitens das Recht, sich jene besondere Vorkehrungen und Cautelen von der Tramway-Unternehmung auszubedingen, welche zur Erhaltung der Ordnung im Straßenverkehre nothwendig erscheinen.

Ich möchte gleich hier dem Einwande begegnen, als ob in einer derartigen Einflußnahme der Gemeinde eine Anmaßung staatlicher Hoheitsrechte gelegen wäre. Der Staat, dem es nur darum zu thun ist, daß die dem Gemeingebrauche bestimmten Sachen durch Schaffung einer privilegirten Unternehmung ihrem natürlichen Zwecke nicht entfremdet werden, hat von diesem seinem Standpunkte aus auf die Ausführung jener Maßnahmen zu bestehen, welche geeignet sind, bei Wahrung der dem betreffenden Unternehmen durch die Concession zur Erreichung seiner Ziele eingeräumten Rechte den fortgesetzten Genuß des usus publicus ohne Gefährdung der Interessenten zu sichern. Insofern nun die Gemeinde diese von der Staatsgewalt ausgehenden Normen als integrirenden Bestandtheil ihres mit der Tramway-Gesellschaft geschlossenen Separat-Uebereinkommens aufnimmt, kann von einer Verletzung staatlicher Hoheitsrechte sicherlich nicht gesprochen werden. Denn dadurch wird die Tramway-Gesellschaft ihrer dem Staate gegenüber eingegangenen Verpflichtung nicht enthoben; diese Verpflichtung wird vielmehr dadurch, daß die Gemeinde die vom Staate im Interesse des allgemeinen Wohles aufgestellten Forderungen zu den ihren macht, nur befestigt, indem die Tramway-Gesellschaft nicht nur — wie bisher — blos dem Staate, sondern auch überdies noch der Gemeinde für die stricte Erfüllung der von Staat und Gemeinde in übereinstimmender Weise stipulirten Leistung verpflichtet wird. Es liegt hier — wenn ich so sagen darf — der Fall einer öffentlich rechtlichen activen Correal-Obligation vor, nach welcher Staat und Gemeinde, die beiden correi credendi, von der Tramway-Gesellschaft idem, dieselbe Leistung, zu beanspruchen berechtigt sind.

Die Gemeinde ist aber auch weiters durch die citirten gesetzlichen Anordnungen berechtigt, als ortspolizeiliche Behörde im Wege eines separaten, mit der Unternehmung zu schließenden Uebereinkommens jene Modalitäten festzustellen, welche durch die besonderen localen Rücksichten geboten erscheinen.

Der Staat behält sich blos die Anordnung und Genehmigung jener Maßnahmen vor, welche die allgemeinen Verkehrs- und Sicherheitsinteressen erfordern; mit der Wahrung dieser seiner Stellung begnügt sich der Staat und überläßt es der Gemeinde, als verantwortlicher Bau- und Straßenpolizeibehörde, ihren Einfluß in ortspolizeilicher oder sonstiger localer Beziehung, soweit sie es für angemessen findet, zur Geltung zu bringen. Was ist denn der Zweck der vom Staate gegebenen Anordnungen? Die Interessen der allgemeinen Sicherheit und des allgemeinen Verkehres zu fördern. Ein staatliches Hoheitsrecht wäre somit dann verletzt, wenn eine Gemeinde in Verkennung oder Ignorirung dieser staatlichen Institutionen blos solche unzureichende Vorkehrungen der Unternehmung auferlegen würde, welche sogar unter das vom Staate aufgestellte Minimum heruntergehen. Wie liegt aber unser Fall? Die Gemeinde ergänzt die vom Staate in allgemeiner Hinsicht getroffenen Bestimmungen durch die Hinzunahme der im örtlichen Interesse gelegenen Verfügungen; die Gemeinde verschärft die von der Staatsgewalt im Interesse des allgemeinen Verkehres und der allgemeinen Sicherheit aufgestellten Anordnungen durch Rücksichtnahme auf die durch die bezüglichen speciellen Interessen gebotenen Erfordernisse. Die Gemeinde realisirt innerhalb der räumlich begrenzten Sphäre ihrer Competenz die Zwecke der Staatsgewalt, sie stärkt und stützt, soweit sie es eben vermag, die Idee des Staates; auch die Gemeinde strebt wie der Staat jenes Ziel an, das in der möglichst wirksamen und gefesteten Erhöhung der Verkehrs- und Sicherheitsinteressen des Publicums besteht. Die Vorkehrungen der Gemeinde zum Schutze des Publicums verhalten sich zu jenen vom Staate in gleichem Sinne gegebenen, wie das accessorium zum principale, und das accessorium sollte das principale nicht sichern, die extensio des staatlichen Hoheitsrechtes sollte das staatliche Hoheitsrecht aufheben?

Prüfen wir nun nach den gewonnenen Gesichtspunkten in aller Kürze den von der Regierung in der »Wiener Abendpost« vom 10. December 1884 erhobenen Vorwurf, der von der Gemeinde mit der Wiener Tramway-Gesellschaft abgeschlossene Vertrag vom 7. März 1868 greife in die gesetzlich den Staatsbehörden vorbehaltene Competenzsphäre hinüber und sei demnach nach § 878 a. b. G. B. ungiltig, weil Dasjenige, was nicht geleistet werden kann, auch kein Gegenstand eines giltigen Vertrages werden kann. Die »Wiener Abendpost« gibt geradezu eine taxative Aufzählung jener Punkte des Vertrages, welche angeblich eine Verletzung staatlicher Hoheitsrechte in sich schließen sollen. Als solche Bestimmungen, welche die der Staatsverwaltung vorbehaltenen Rechte und Befugnisse für die Gemeinde in Anspruch nehmen, bezeichnet die »Wiener Abendpost« 7 Paragraphe des Vertrages, und zwar den § 1, der die Bewilligung zur Errichtung und zum Betriebe dieser Bahnen; den § 6, der die

Genehmigung der Baupläne; den § 17, der die Bewilligung zur Eröffnung des Betriebes; den § 27, der die Genehmigung des Fahrtarifes; den § 28, der die Genehmigung der Fahrordnung; den § 29, der die Genehmigung des Fahrplanes, und den § 39, der die Genehmigung von Abänderungen der Bau- und Betriebsordnung von Seiten der Gemeinde verlangt.

Sämmtliche beanständete Punkte schließen sich materiell an die in dem Erlasse des Handelsministeriums vom 25. Februar 1865, Z. 16.840, anläßlich der Concessions-Ertheilung an die Firma C. Schaeck-Jaquet & Comp. aufgestellten allgemeinen Bedingungen an, und wir glauben, daß von einer Verletzung staatlicher Hoheitsrechte sowohl dann nicht die Rede sein könne, wenn die Gemeinde die vom Staate ausgehenden Anordnungen gleichfalls als die ihren aufnimmt, als auch in dem Falle nicht, wenn die Gemeinde in dem Bestreben, die Interessen des Publicums möglichst zu sichern und zu schützen, die vom Staate in der gleichen Intention getroffenen Verfügungen mit Rücksicht auf die örtlichen Bedürfnisse specialisirt und verschärft. Denn es kann nach meinem bescheidenen Dafürhalten eine Leugnung oder Verkleinerung staatlicher Zwecke unmöglich darin gefunden werden, wenn die Gemeinde jene höchsten Ziele jeder staatlichen Institution, die Erhaltung der öffentlichen Sicherheit und des öffentlichen Verkehres, nach ihren Kräften zu fördern und zu realisiren sucht. Ueberdies weist der § 44 des Vertrages ausdrücklich darauf hin, »daß die Erwirfung anderweitiger, zum Ausbaue und Betriebe der Pferdeeisenbahnen erforderlichen Bewilligungen der Unternehmung obliegt,« womit gesagt ist, daß die Unternehmung, abgesehen von der Zustimmung der Gemeinde, als der Eigenthümerin und Localbehörde, die von der Staatsgewalt zu ertheilende Concession zu erlangen und deren Bedingungen zu erfüllen hat. Diese Bestimmung — die ja gar nicht aufgenommen werden mußte, weil es sich um einen Vertrag zwischen Gemeinde und Unternehmung handelt — welche die genaue Beobachtung der staatlichen Hoheitsrechte der Unternehmung geradezu zur Pflicht macht, zeigt klar und deutlich, wie ungerechtfertigt der gegen die Gemeinde erhobene Vorwurf »der Verletzung staatlicher Hoheitsrechte« ist.

Die Bestimmungen des § 878 a. b. G. B. scheinen mir demnach aus den dargelegten Gründen auf den fraglichen Vertrag nicht anwendbar zu sein; die Gemeinde hat kein staatliches Hoheitsrecht verletzt. Die Gemeinde hat lediglich unter Wahrung und Aufrechterhaltung der staatlichen Competenz weitere im Interesse des öffentlichen Wohles gelegene Vorkehrungen getroffen, welche die Verfügungen der Staatsbehörde nicht aufheben, vielmehr zur Sicherung und Bekräftigung derselben bestimmt sind. Die Tramway-Gesellschaft kann und darf solche Verpflichtungen auf sich nehmen, welche im Interesse der öffentlichen Sicherheit und des öffentlichen Verkehres geboten erscheinen. Die Leistung solcher Verpflichtungen ist möglich und kann somit Gegenstand eines Vertrages sein, der erlaubt, möglich, rechtsgiltig ist. Es kann — namentlich vom Standpunkte des Staates aus — ein Vertrag nicht aus dem Grunde als ungiltig bezeichnet werden, weil dessen Bestimmungen einen möglichst wirksamen Schutz öffentlicher Interessen zum Gegenstande haben. Staat und Gemeinde vertreten dieselbe Sache und der Staat kann hier nach dem Spruche: »Je mehr, desto besser!« nur seine freudige und rückhaltslose Zustimmung zu solchen Maßnahmen geben, welche sein Interesse — und das ist ja das öffentliche Interesse — zu kräftigen bestimmt sind.

Aber selbst wenn die von mir vertretene Ansicht ebenso unrichtig wäre, als ich sie für richtig halte, was folgt daraus? Daß nur jene Theile des Vertrages hinfällig werden, welche in die gesetzlich den Staatsbehörden vorbehaltene Competenzsphäre hinübergreifen, denn utile per inutile non vitiatur. Ich begnüge mich, diesen Satz, ein Axiom der Jurisprudenz, welches als solches keines Beweises bedarf, einfach zu citiren. Die Richtigkeit und Unanfechtbarkeit desselben ist eine so allgemein anerkannte, daß selbst die »Wiener Abendpost« ihre Behauptung, »ein derartiger Vertrag erscheine nach § 878 a. b. G. B. nicht als ein rechtsgiltiger,« sofort durch den unmittelbar folgenden Passus umstoßen, beziehungsweise modificiren muß. Dieser Passus lautet: »Die Staatsverwaltung hat stets daran festgehalten, daß der gedachte Vertrag insofern als rechtswirksam nicht anerkannt werden könne, als derselbe eine Reihe von Bestimmungen enthält, welche in die gesetzlich den Staatsbehörden vorbehaltene Competenzsphäre hinübergreifen, so daß selbst eine hierüber getroffene Verständigung der Gemeinde mit der Tramway-Gesellschaft den Rechten der Staatsverwaltung keinen Abbruch thun kann.«

Da der Staat somit selbst den Vertrag nur in jenen Punkten als nicht bestehend anerkennt, in welchen ein staatliches Hoheitsrecht verletzt wird, und da dies nur von den Bestimmungen jener oben bezogenen Paragraphe behauptet wird, so stehen wir nur auf dem eigensten Standpunkte des Staates, wenn wir, die einfachen Regeln der Subtraction uns ins Gedächtniß rufend, also schließen: Der Vertrag hat 46 Paragraphe; 7 davon sind ungiltig, ergo müssen wir dieselben abziehen, das ist $46 - 7 = 39$, und dieser Rest von 39 Paragraphen ist rechtswirksam und rechtsgiltig. Der rechtliche Bestand dieser 39 Paragraphe ist somit nach keiner Richtung zu bezweifeln.

Unter den von der »Wiener Abendpost« beanstandeten Bestimmungen des Vertrages, die wir gewissenhaft registrirt haben, findet sich mit keinem Worte das Straßenverfügungsrecht der Gemeinde erwähnt; die Regierung hat mithin selbst dieses Recht als der Gemeinde zustehend und der Staatshoheit nicht widersprechend anerkannt. Unter den unangetastet bestehenden Paragraphen figurirt aber auch der § 35, welcher lautet: »Die Dauer der Zeit, auf welche vom Gemeinderathe die Berechtigung ertheilt wird, beträgt für das ganze im § 2 enthaltene Pferdebahnnetz, einschließlich der Linie vom Schottenthor bis zur Hernalserlinie, vom Tage der Eröffnung der ersten der neuerrichteten Linien an, fünfunddreißig Jahre,« das ist also, da der Vertrag im Jahre 1868 geschlossen wurde, bis zum Jahre 1903. Auf der einen Seite wird nun der Gemeinde, das Recht, ihre Straßen blos bis 1903 der Tramway-Gesellschaft zu überlassen, mit dem Hoheitsrechte des Staates vereinbarlich gefunden; auf der anderen Seite soll aber in der Concession, diesem Ausflusse des staatlichen Hoheitsrechtes, schon das unbedingte Straßenbenützungsrecht liegen!

Es wird allerdings der Gemeinde gesagt, du kannst ja für die Zeit 1903—1925 mit der Tramway-Gesellschaft ein neues Uebereinkommen schließen, du kannst dann für den Fall der Säumung mit der Berichtigung des Platzzinses die executive Sequestration der Gesellschaft durch den Staat erlangen u. s. w. Aber nicht darum handelt es sich, was die Gemeinde thun kann oder thun soll, sondern einzig und allein darum, was sie thun darf. Das Eigenthumsrecht ist ein absolutes, d. h. ein gegen Jedermann wirksames Recht, wirksam daher auch gegen den Staat, wie gegen jede andere Person.

Dadurch, daß die Gemeinde auch von ihrem Standpunkte die vom Staate aufgestellten Bedingungen anerkennt, hat sie blos dargethan, daß sie das Concessionirungsrecht des Staates respectire; in keiner Weise ist aber damit gesagt, daß sie in Folge der Concession auf ihr Straßenverfügungsrecht verzichte, daß mit der Concession schon das Straßenbenützungsrecht verbunden sei. Die Anerkennung der allgemeinen Bedingungen seitens der Gemeinde hätte, um jene von der »Wiener Abendpost« insinuirte Bedeutung wirklich zu haben, ausdrücklich sagen müssen: »Ich, Gemeinde, verzichte ein für allemal auf die in meinem Eigenthumsrechte gelegene Befugniß, über meine Straßen zu verfügen.« Da die Gemeinde Eigenthümerin der Straßen ist, so hat sie das Bestimmungsrecht darüber, ob und auf welche Zeit sie ihr Eigenthum der Tramway-Gesellschaft zur Benützung überlassen will, und sie braucht bei der Anerkennung der allgemeinen Bedingungen des Staates nicht speciell zu sagen: »Obschon ich Eigenthümerin bin, und als solche ipso jure das Recht habe, die Straßen herzugeben oder auch nicht herzugeben, behalte ich mir doch dieses selbstverständliche Recht vor.« Eine solche Bedingung pflegen die Juristen ein conditio tacita, eine conditio, quae tacite inest, zu nennen, und eine solche Bedingung braucht nicht besonders hervorgehoben zu werden, weil sie im Wesen der Sache liegt, und daher selbstverständlich ist. Wieso man aber deshalb und zwar nur deshalb, weil das Jedermann Selbstverständliche, dasjenige, was von aller Welt gewußt und anerkannt wird, nicht in seine Bestandtheile zergliedert wird, das Gegentheil eben dieses selbstverständlichen Satzes als Regel aufstellen kann — ist mir unersindlich.

Dieses Eigenthumsrecht der Gemeinde ist, auch abgesehen von den bisher angeführten Belegen, bestätigt in dem Erlasse der Statthalterei vom 2. Juni 1867, Z. 18.002. In diesem Erlasse wird bemerkt, daß nach den bestehenden Normen der Staatsverwaltung allein das Recht zur Ertheilung der Concession zur Anlage von Pferdebahnen zusteht, daß daher ein gleiches Recht einer Commune zur Ertheilung einer derartigen Concession oder Bewilligung nicht zugestanden werden könne, und daß der Commune lediglich als Besitzerin des zur Bahnanlage benützten Straßengrundes das Recht zustehe, jene Bedingungen zu formuliren, unter welchen dieselbe die Benützung des Straßengrundes zur Bahnanlage zuzugestehen findet. In der jüngsten Zeit noch hat die Statthalterei das unumschränkte Verfügungsrecht der Gemeinde rücksichtlich der Gemeindestraßen anerkannt. Die Statthalterei hat anläßlich des Baues der Linie durch die Lerchenfelderstraße an die Tramway-Gesellschaft unterm 20. October 1883, Z. 46.495, einen Erlaß des Inhalts gerichtet, daß mit der Inangriffnahme des Baues seitens der Gesellschaft nicht eher begonnen werden könne, als bis das Uebereinkommen wegen Ueberlassung der Straßengründe mit der Gemeinde zu Stande gekommen sei.

Die Gemeinde ist somit berechtigt — und da, wie oben gezeigt wurde, die Regierung den § 35 des Vertrages als dem Hoheitsrechte des Staates nicht widersprechend ansieht — vertragsmäßig berechtigt, ihre Straßen der Tramway-Gesellschaft nur bis zum Jahre 1903 zu überlassen. Die Gemeinde hätte ebensogut, unbeschadet der von Seiten der Regierung bis zum Jahre 1925 ertheilten Concessionsdauer, das Benützungsrecht blos bis zum Jahre 1890 — oder um die principielle Seite der Frage klarzustellen — sagen wir bis zum Jahre 2000 gewähren können. Concessionirungsrecht und Straßenverfügungsrecht sind eben ganz verschiedene Dinge, Dinge, welche selbst nicht weniger verschieden sind, als die zur Ertheilung derselben berufenen Competenzen.

Wenn also z. B. die Gemeinde der Tramway=Gesellschaft das Benützungsrecht bis zum Jahre 2000 vertragsmäßig zugesichert hätte, der Staat aber die Concession nur bis zum Jahre 1925 ertheilt, so wird die Gesellschaft — vorausgesetzt, daß der Staat die Concessionsdauer nicht aus freien Stücken verlängert — obschon sie das Straßenbenützungsrecht bis zum Jahre 2000 hat, doch den Betrieb im Jahre 1925 einstellen müssen, denn das Straßenbenützungsrecht allein ohne Concession macht noch keine Tramway. Und wenn, wie in unserem Falle, der Staat die Concession bis zum Jahre 1925 ertheilt, die Gemeinde aber das Straßenbenützungsrecht nur bis zum Jahre 1903 einräumt, so wird die Gesellschaft im Jahre 1903 den Betrieb einstellen müssen, denn die Concession allein ohne Straßenbenützungsrecht macht gleichfalls noch keine Tramway. Dieses Recht hat die Gemeinde auch ohne jeden Vertrag, dieses Recht fließt schon einzig und allein aus dem Eigenthumsbegriffe und erst die Vereinigung des Eigenthums der Gemeinde und des Hoheitsrechtes des Staates, resp. des Straßenbenützungsrechtes und der Ertheilung der Concession bildet die Grundlage einer Tramway=Unternehmung.

Es sei mir zum Schlusse dieser Untersuchung noch gestattet, eine Entscheidung des preußischen Ober=Verwaltungsgerichtes[21]) vom 29. December 1883 hier zur Kenntniß

---

[21]) Entscheidungen der Gerichts= und Verwaltungsbehörden aus dem Gebiete des auf reichsgesetzlichen und gemeinrechtlichen Bestimmungen beruhenden Verwaltungs= und Polizeistrafrechtes, herausgegeben von A. Reger. 5. Band, 1. Heft, 1885, Nr. 112.

zu bringen. Diese Entscheidung, welche sich auf einen Fall bezieht, der mit dem unseren vielfache Berührungspunkte aufweist, erscheint namentlich wegen ihrer allgemeinen Gesichtspunkte von hervorragender Bedeutung.

Der Sachverhalt war folgender: Die »Große Berliner Pferdebahn-Actiengesellschaft« war concessionsmäßig verpflichtet, ihrem Betriebe und Schienennetze auf Verlangen des Polizeipräsidiums eine Ausdehnung zu geben, welche die Herstellung gewisser Schienenanlagen in dem Körper der zum Gemeindebezirke Charlottenburg gehörenden Hardenbergstraße nothwendig machte. Die Actiengesellschaft, im Jahre 1882 zur Vornahme der ins Auge gefaßten Erweiterungen polizeilich aufgefordert, vermochte nicht die Genehmigung des Magistrates zu Charlottenburg zur Ausführung der erforderlichen Arbeiten in der Hardenbergstraße zu erlangen, wurde aber gleichwohl durch eine Verfügung der dortigen Polizeiverwaltung vom 7. Juni 1883 veranlaßt, mit den nöthigen Schienenanlagen vorzugehen. Die Stadtgemeinde schritt nunmehr zur Beschwerde gegen diese Verfügung, sodann aber, als erstere erfolglos blieb, zur Anstellung der Klage und erkannte denn auch das Ober-Verwaltungsgericht in dem Sinne, daß die an die Actiengesellschaft erlassene Verfügung vom 7. Juni 1883 der Klägerin gegenüber insoweit aufzuheben sei, als darin der Gesellschaft aufgetragen worden, die zum Pferdebahnbetriebe erforderlichen Anlagen in der Hardenbergstraße auszuführen, aus den Gründen:

»Das Ober-Verwaltungsgericht hat in constanter Praxis daran festgehalten, daß die Klage gegen eine polizeiliche Verfügung nicht nur Demjenigen zusteht, an den sie ergangen ist und dem in derselben ein bestimmtes Thun und Unterlassen aufgegeben wird, sondern auch dem, dessen Rechte die Ausführung der Verfügung durch Denjenigen, an den sie ergeht, verletzt..... In materieller Beziehung kommt Folgendes in Betracht: Die öffentlichen Straßen und Plätze in den Städten und Dörfern sind nicht herrenloses Gut, dessen sich Jeder nach Belieben bedienen könnte, soweit es etwa mit ihrer Bestimmung für öffentliche Plätze verträglich erscheint, und daher von der Polizei gestattet wird. Dieselben stehen der Regel nach im Eigenthume bestimmter Rechtssubjecte, meist Derjenigen, welchen die Pflicht zu ihrer Beschaffung und Unterhaltung — die Wegebaulast — obliegt, und die daher den öffentlichen Gebrauch des Straßenkörpers rechtlich zu ermöglichen haben. In den Städten sind dies —von localen Ausnahmen abgesehen — die Stadtgemeinden als Corporation. Das privatrechtliche Eigenthum oder das sonstige privatrechtliche Verfügungsrecht, auf Grund dessen die Straße dem öffentlichen Verkehre gewidmet wird, treten in ihren rechtlichen Wirkungen so lange und so weit zurück, als die Straße ihrer principalen Bestimmung, dem öffentlichen Verkehre, dem gemeinen Gebrauch nach dem Ermessen der Polizeigewalt zu dienen hat. Soweit diese principale Bestimmung reicht, entzieht sie die Straße dem bürgerlichen Verkehre, weiter nicht. Mit dem thatsächlichen Wegfallen dieser Bestimmung, mit der Erklärung oder Gestattung ihres Aufhörens durch die zuständige Polizeibehörde, der Cassation der öffentlichen Wege, treten die privatrechtlichen Rechtsverhältnisse am Wegekörper in vollem Umfange in Wirksamkeit, während der Dauer jener Bestimmung aber insoweit, als es mit derselben verträglich ist, so regelmäßig in dem aus dem Eigenthume oder dem sonstigen Verfügungsrechte fließenden Rechte zur Nutzung, das, soweit dies neben dem gemeinen Gebrauch möglich ist, in den mannigfachsten Formen des privatrechtlichen Verkehres ausgeübt wird. Der Betrieb der Transportgewerbe, welcher gemäß § 37 der R. Gew. O. durch die Ortspolizeibehörde zu regeln ist, gehört zu dem gemeinen Gebrauch der Straßen. Hievon machen aber die Pferdeeisenbahnen jedenfalls insoweit eine Ausnahme, als ihr Betrieb eine besondere Anlage im Straßenkörper und so eine Verfügung über denselben erfordert, welche ausschließlich für den privaten Gewerbebetrieb eines einzelnen Rechtssubjectes getroffen wird. Mag letzterer gemeinnützig sein oder nicht, immer fällt die Benützung des Straßenkörpers zu Pferdebahnanlagen durch Gewerbetreibende nicht unter den gemeinen Gebrauch der Straße und darf daher nicht ohne — nöthigenfalls im Wege der Zwangsenteignung zu ergänzenden — Zustimmung der Straßenherren erfolgen, d. h. dessen, dem privatrechtlich die Verfügung über den Straßenkörper und dessen Nutzung unbeschadet des gemeinen Gebrauches zusteht, regelmäßig des Eigenthümers. Es kömmt endlich in Betracht, daß die Anlage der Pferdebahn in dem Straßenkörper nothwendig die Straßenunterhaltungslast alterirt und so in die Rechte des Wegebaupflichtigen eingreift. Die Polizeibehörde mag im öffentlichen Interesse Anlaß haben, bei der Concessionirung von Pferdebahnen in öffentlichen Straßen auch darüber zu wachen, daß die öffentlich rechtliche Wegebaulast nicht erschwert werde. Es fehlt ihr aber die Legitimation, hiebei den Wegebaupflichtigen in der Wahrung seiner Rechte mit der Wirkung zu vertreten, daß die Concessionsbedingungen dessen Widerspruch gegen die Aenderung seiner Rechte gegenstandslos machten und behelligten..... Nur dann ließe sich ein solcher Eingriff in städtisches Eigenthum rechtfertigen, wenn die unerläßlich schleunige Beseitigung eines dringenden Nothstandes durch polizeiliches Einschreiten in Frage stände und ein anderes Mittel nicht gegeben wäre. Diese Voraussetzung ist hier, wo es sich lediglich um die Förderung der allgemeinen Wohlfahrt handelt, überhaupt nicht in Frage. Soweit ist also die erhobene Klage wohl begründet.«

Ich glaube somit den Beweis dafür erbracht zu haben, daß die Gemeinde durch ihr Vorgehen nicht jene Grenzen überschritten habe, welche das a. b. G. B. im § 364 der Ausübung des Eigenthumsrechtes zieht. Durch das Vorgehen der Gemeinde ist nämlich das Recht eines Dritten, das ist das Recht der Tramway-Gesellschaft, nicht verletzt, weil die genaue Beobachtung eines Vertrages dem Compaciscenten gegenüber wohl Achtung des Rechtes, nimmermehr aber eine Verletzung des Rechtes bedeutet. Diese Art der Ausübung des Eigenthumsrechtes seitens der Gemeinde verstößt aber auch zweitens nicht gegen die zur Erhaltung und Beförderung des allgemeinen Wohles aufgestellten Anordnungen, indem eine Verletzung dieser im Interesse des öffentlichen Wohles normirten Institutionen nur dann gegeben wäre, wenn die Gemeinde ihr Eigenthum entweder einem vom Staate nicht concessionirten Unternehmen, oder aber einem concessionirten Unternehmen unter solchen Bedingungen überlassen würde, welche in der Fürsorge für die Erhaltung des öffentlichen Verkehrs und der öffentlichen Sicherheit hinter den vom Staate postulirten Erfordernissen zurückbleiben.

V.

Unsere letzte Untersuchung befaßt sich mit der Lösung der Frage: Ist die Ausübung des Enteignungsrechtes zu Gunsten der Tramway-Gesellschaft in Bezug auf Gemeindestraßen zulässig?

Bevor ich an die eigentliche Lösung dieser Frage gehe, muß ich mich vor Allem gegen die Möglichkeit jener Auffassung wenden, welche aus dem Umstande, daß bisher von diesem Rechte in Ansehung von Gemeindestraßen keine Anwendung gemacht wurde, ein Präcedens für die Unstatthaftigkeit desselben überhaupt deduciren wollte. Ein solcher Einwurf wäre nicht ernst zu nehmen, denn ich meinerseits wenigstens habe bisher von einer Exstinctiv-Verjährung des Expropriationsrechtes durch non usus noch nichts gehört.

Das Expropriationsrecht ist ein Recht, für dessen praktische Anwendung neben dem Vorhandensein der bezüglichen juristischen Voraussetzungen auch noch politische Erwägungen maßgebend sind. Die Staatsgewalt wird nicht ohne zwingenden Grund von diesem eminenten Zwangsrechte Gebrauch machen; sie wird jenen tiefen Einschnitt in das Privatrecht, wie ihn das Enteignungsrecht darstellt, nur dann wagen, wenn sie in den thatsächlichen Verhältnissen einen Rechtfertigungsgrund für ihr Vorgehen findet. Die Staatsgewalt wird aber begreiflicherweise, namentlich der Gemeinde gegenüber, ihr Enteignungsrecht nur zögernd und ungerne zur Geltung bringen, sie wird in demselben nur die ultima ratio zur Durchsetzung jener Zwecke finden, welche sie von ihrem Standpunkte als dem allgemeinen Besten entsprechend erachtet. Ich für meinen Theil habe nicht einen Erklärungsgrund für das bisherige Vorgehen der Regierung zu geben, welches dieselbe einer Anwendung des Enteignungsrechtes entrathen ließ, sei es nun, weil sie dieses Recht nicht anwenden wollte, oder auch weil sie dieses Recht nicht anzuwenden brauchte. Ich habe auch nicht darüber zu entscheiden, ob die Regierung heute oder in Hinkunft Gemeindestraßen für die Tramway-Gesellschaft expropriiren soll, — diese Fragen entziehen sich aus natürlichen Gründen meiner Beurtheilung.

Die Frage, mit der wir uns zu befassen haben, lautet einzig und allein: Sind auf dem Boden des österreichischen Rechtes jene materiellen Voraussetzungen gegeben, auf Grund deren eine Enteignung zu Gunsten von Tramway-Unternehmungen in Ansehung von Gemeindestraßen zulässig erscheint?

Im Gegensatze zu anderen fremdländischen Gesetzgebungen, welche die Enteignungsfälle taxativ feststellen, hat die österreichische Gesetzgebung sich darauf beschränkt, nur das allgemeine Princip für die Enteignung aufzustellen. Diesbezüglich bestimmt der § 365 a. b. G. B. daß, »wenn es das allgemeine Beste erheischt, ein Mitglied des Staates gegen eine angemessene Schadloshaltung selbst das vollständige Eigenthum einer Sache abtreten muß.« Dieser allgemeine Grundsatz besteht nach wie vor in Kraft und ist auch durch den Art. 5 des Staatsgrundgesetzes vom Jahre 1867 über die allgemeinen Rechte der Staaatsbürger nicht derogirt,[22]) welcher lautet: »Das Eigenthum ist unverletzlich; eine Enteignung gegen den Willen des Eigenthümers kann nur in den Fällen und in der Art eintreten, welche das Gesetz bestimmt.« Die Bestimmungen des bürgerlichen Gesetzbuches heben mehr den privatrechtlichen Charakter der Frage hervor, indem sie die Pflicht des Einzelnen betonen, den Interessen des allgemeinen Wohles selbst sein Eigenthum zum Opfer zu bringen; das Staatsgrundgesetz geht lediglich darauf aus, die Unverletzlichkeit des Eigenthums unter seine besondere Garantie zu stellen. Das Staatsgrundgesetz dachte auch ein allgemeines, für alle Fälle giltiges Enteignungsgesetz, welches seinerzeit geplant wurde, jedoch nicht zu Stande kam. Zu den Gesetzen, die der Art. 5 des Staatsgrundgesetzes ins Auge faßt, gehört aber in allererster Linie der §. 365 a. b. G. B., der dadurch, daß er in dem später promulgirten Reichswassergesetze vom 30. Mai 1869

---

[22]) Randa a. a. O. S. 139, Prazak, das Recht der Enteignung in Oesterreich, Prag, 1877, S. 84 ff., Schiffner, Die Enteignung nach österreichischem materiellen Rechte, »Gerichts-Zeitung« 1881, Nr. 50.

und dem Eisenbahn-Enteignungsgesetze vom 18. Februar 1878 bezogen wird, auch äußerlich als die noch bestehende Grundlage für die Zulässigkeit der Ausübung des Enteignungsrechtes anerkannt wird. Der eventuelle Mangel einer besonderen gesetzlichen Vorschrift, welche die Tramway-Gesellschaft zur Ausübung des Enteignungsrechtes ausdrücklich berechtigt, würde demnach bei Vorhandensein der allgemeinen, für die Anwendbarkeit des Enteignungsrechtes nothwendigen Voraussetzungen, der Tramway-Gesellschaft dieses Recht nicht benehmen.

Im Laufe der Zeit sind jedoch für die wichtigsten Kategorien der Enteignungsfälle Specialgesetze geschaffen worden, so auch das Gesetz vom 18. Februar 1878, betreffend die Enteignung zum Zwecke der Herstellung des Betriebes von Eisenbahnen, oder, wie wir es kurz nennen wollen, das Eisenbahn-Enteignungsgesetz. Der § 47 dieses Gesetzes spricht nun von der Zulässigkeit der Ausübung des Enteignungsrechtes zu Gunsten von Tramway-Unternehmungen. Während aber den Eisenbahn-Unternehmungen der Regel nach schon in der Concessions-Urkunde die Eigenschaft der Gemeinnützigkeit zuerkannt wird, steht die Ausübung des Enteignungsrechtes einer Tramway-Unternehmung nach § 1 des Eisenbahn-Enteignungsgesetzes nur unter der Bedingung zu, »als die Gemeinnützigkeit des Unternehmens von der hiezu berufenen staatlichen Verwaltungsbehörde anerkannt ist.« Die Tramway-Gesellschaft muß demnach, um das Enteignungsrecht ausüben zu können, vorerst als gemeinnütziges Unternehmen anerkannt sein; die Staatsbehörde hat vorerst zu constatiren, ob überhaupt ein Enteignungsfall vorliegt.

Die Beschränkungen des Eigenthums, wie sie die Enteignung im Gefolge hat, sind nicht adaequat den gesetzlichen Eigenthumsbeschränkungen, von denen § 364 a. b. G. B. spricht. Der § 364 setzt der Ausübung des Eigenthums Schranken, welche Jedermann in gleicher Weise einengen, und deren Entgelt in dem Schutze und der Obsorge liegt, welche der Staat dem Eigenthume zuwendet. Das staatliche Enteignungsrecht greift dagegen in einem concreten Falle über individuelles Verlangen eines dazu Berechtigten in die Rechtssphäre einer dritten Person ein;[23]) es legt dem Expropriirten besondere Opfer auf, wie sie in diesem Falle ein anderes Mitglied des Staates nicht zu tragen hat, und es steht mithin dem Enteigneten, im Gegensatze zu dem nach § 364 a. b. G. B. in seinem Eigenthume Beschränkten, der in der Regel ein Recht auf Entschädigung nicht besitzt, das Recht auf volle Schadloshaltung zu. Die Staatsbehörde kann daher diesen empfindlichen Eingriff in die wohlerworbenen Rechte eines Dritten nur dann zulassen, wenn die Unternehmung, welcher sie die Ausübung des Enteignungsrechtes verleiht, eine gemeinnützige, der öffentlichen Wohlfahrt dienende ist. Wir wenden uns somit, nachdem wir in dem § 47 des Eisenbahn-Enteignungsgesetzes den gesetzlichen Grund für die an sich zulässige Ausübung des Enteignungsrechtes zu Gunsten einer

---

[23]) Randa a. a. O. S. 134, Anm. 11; Schiffner a. a. O. Nr. 46.

Tramway-Unternehmung gefunden, dem zweiten Punkte unserer Untersuchung zu, der sich mit der — unschweren — Beantwortung der Frage zu befassen hat: Ist eine Tramway-Unternehmung eine gemeinnützige Unternehmung?

Der Staatszweck wird gemeiniglich als die Voraussetzung zur Ausübung des Enteignungsrechtes bezeichnet. Der Staatszweck im engeren Sinne bezieht sich auf die Förderung des Wohles aller Staatsbürger. Es ist jedoch weiters im Wesen des Staates gelegen und somit Aufgabe des Staates,[24]) das Gedeihen des Gemeinwesens auf allen Gebieten des menschlichen Wirkens zu stärken und zu stützen. In dieser Richtung kann der Staat selbst oder auch ein Privatunternehmen, dessen Ziele mit dem allgemeinen Interesse innig verschmolzen sind, zur Erreichung der verschiedensten Zwecke sich des Enteignungsrechtes bedienen. Zu diesen Zwecken gehören die Erhaltung der öffentlichen Sicherheit, Interessen der Gesundheitspflege, Förderung der intellectuellen und moralischen Cultur, namentlich aber die Förderung des öffentlichen Verkehres. Es ist eine der wichtigsten Aufgaben des Staates, den öffentlichen Verkehr, soweit es nur immer möglich ist, zu heben und zu entwickeln und ein Unternehmen, welches in dieser Endabsicht gegründet worden, ist wegen der engen Beziehungen, welche dasselbe mit dem öffentlichen Interesse verbinden, ein gemeinnütziges zu nennen. Die möglichst ungehinderte Ausgestaltung

---

[24]) Randa a. a. O. S. 136 u. 14 ff.; Schiffner a. a. O. Nr. 48; Prazak a. a. O. S. 4 ff. u. 36 ff.; Grünhut, Das Enteignungsrecht, S. 2 ff. u. 9 ff.; Meyer, Das Recht der Expropriation, S. 177 ff.

eines solchen Unternehmens, der thunlichst rasche Ausbau seines Netzes ist für die Bevölkerung eine Lebensfrage. Das Publicum wird durch ein solches Unternehmen in seinen Geschäften auf das Wirksamste unterstützt, indem es durch **rasche Beförderung Zeit, durch billige Beförderung Geld erspart,** zwei Factoren, welche namentlich in ihrem Zusammentreffen für Jedermann von bedeutendem Werthe erscheinen. Die rasche Beförderung wird dadurch erzielt, daß es der Unternehmung möglich gemacht wird, ihre Schienen auf möglichst vielen Straßen, insbesondere aber auf den Hauptverkehrsadern zu legen; die billige Beförderung hängt zum überwiegenden Theile ab von der intensiven Benützung dieses leicht zugänglichen und nach jeder Richtung führenden Verkehrsmittels durch das Publicum, zum andern Theile durch die Ingerenz, welche die competente Behörde auf die Festellung der Tarife nimmt. Das Publicum ist also auf das Lebhafteste daran interessirt, daß ein solches Unternehmen, welches seine wirthschaftlichen Interessen in so kräftiger Weise fördert, selbst wieder in seinen Existenzbedingungen möglichst begünstigt werde; denn die Bevölkerung bedarf der Tramway-Unternehmung, und diese ist ein für die Bedürfnisse der Bevölkerung höchst nützliches, ja sogar höchst nothwendiges Unternehmen. Die Gemeinde selbst hat zu wiederholtenmalen die Nützlichkeit und Nothwendigkeit der Tramway-Unternehmung anerkannt und der Wiener Magistrat hat insbesondere in seiner Zuschrift an die k. k. Polizei-Direction vom 28. April 1884, Z. 16241, die Linie Babenbergerstraße ausdrücklich als eine im Interesse des öffentlichen

Verkehres nicht nur zweckmäßige, sondern auch nothwendige Tramwaylinie bezeichnet. Es ist somit klar, daß die Tramway= Gesellschaft eine gemeinnützige Unternehmung ist, welcher demgemäß im Sinne des § 1 des Eisenbahn= Enteignungsgesetzes die Ausübung des Enteignungs= rechtes im vollen durch § 365 a. b. G. B. zugelassenen Umfange zusteht.

Auf Grundlage der citirten gesetzlichen Bestimmung und der anerkannten Gemeinnützigkeit des Unternehmens — dieser allgemeinen Voraussetzungen für die Zulässigkeit der Aus= übung des Enteignungsrechtes — fällt die politische Landes= behörde nach durchgeführtem Abtretungsverfahren (§ 11—16 des Eisenbahn=Enteignungsgesetzes) zu Gunsten der Tramway= Gesellschaft das Enteignungs=Erkenntniß (§ 17 des Eisenbahn= Enteignungsgesetzes), und zwar ist für die Feststellung dieses Enteignungs=Erkenntnisses der Wille der Gemeinde gänzlich irrelevant. Die rechtliche Natur der Enteignung ist nämlich nach dem Standpunkte der neueren Doctrin nicht als Zwangsverkauf, obligatio quasi ex contractu oder über= haupt als obligatio aufzufassen,[25]) die Enteignung ist vielmehr jener einseitige Act der Staatsgewalt, durch welchen in die Vermögensverhältnisse einer Person ohne Rücksicht auf deren Willen mit beschränkender oder aufhebender Wirkung ein= gegriffen wird. Die Aufhebung resp. Beschränkung des zu enteignenden Rechtes erfolgt ipso jure kraft des in gesetzlicher

---

[25]) Randa a. a. O. S. 179 ff.; Prazak a. a. O. S. 43 ff.; Schiffner a. a. O. Nr. 46; Grünhut a. a. O. S. 178 ff.

Form erklärten, präponderirenden Staatswillens, ohne daß hiezu der Consens des von diesem Staatsacte Betroffenen irgendwie erforderlich wäre. Der Staat realisirt die nach seiner Meinung im Interesse des öffentlichen Wohles gelegenen Zwecke, ohne und gegen den Willen der denselben hinderlichen Einzelpersönlichkeit. Der citirte Art. 5 des Staatsgrundgesetzes vom Jahre 1867 über die allgemeinen Rechte der Staatsbürger spricht von der Enteignung, die »gegen den Willen des Eigenthümers« eintritt. Das Hofkanzleidecret vom 10. Februar 1834[20]) läßt einen Eingriff »in das Privateigenthum gegen den Willen des Eigenthümers« zu, und trotzdem der § 16 des Eisenbahn-Enteignungsgesetzes den Commissionsleiter anweist, »nach Thunlichkeit dahin zu wirken, daß ein Einverständniß unter den Parteien erzielt werde,« ist es doch nach § 17 des Eisenbahn-Enteignungsgesetzes das ausschließliche und von der Mitwirkung der Parteien vollkommen unabhängige Recht der politischen Landesbehörde, »nach Prüfung der ihr vorgelegten Acten den Gegenstand und Umfang der Enteignung durch Fällung eines oder mehrerer Enteignungs-Erkenntnisse festzustellen.«

---

[20]) Hofkanzleidecret vom 10. Februar 1834 an sämmtliche Landesstellen. Politische Gesetzessammlung LXII: »Se. k. u. k. Majestät haben mit höchster Entschließung vom 5. Februar 1834 zu befehlen geruht, darauf zu halten, daß in das Privateigenthum gegen den Willen des Eigenthümers nicht eingegriffen werde, wenn nicht erwiesene öffentliche Rücksichten es nothwendig machen.«

Der Staat als die höchste Potenz und Verkörperung des Gemeinwillens findet seinen sinnlichsten und schärfsten Ausdruck in dem Expropriationsrechte, welches jeden, selbst de jure begründeten Widerstand des Einzelnen gegen die Durchsetzung gemeinnütziger Institutionen bricht und niederzwingt. Der Conflict zwischen Individualrecht und Gemeinwohl wird durch das Urtheil des competenten Richters kurz und bündig gelöst: Sic volo, sic jubeo! Der Staat opfert zum Theile das Recht der Gemeinde, weil dieses seiner Ansicht nach den Bedingungen für die Entwickelung des öffentlichen Verkehres hinderlich im Wege steht. In diesem Enteignungsrechte des Staates liegt nichts Ungerechtes, denn die subjectiven Zwecke der Gemeinde sind erst dann berechtigt, wenn sie sich in den Rahmen des Ganzen einfügen. Die Gemeinde ist sicherlich ein hervorragender, ein bedeutungsvoller Körper; weitaus hervorragender und bedeutungsvoller jedoch ist der Organismus des Staates, der als die höchste Instanz das Entscheidungsrecht darüber haben muß, was den öffentlichen Interessen frommt, und behufs Erfüllung dieser seiner erhabensten Pflicht bewaffnet ihn eben das Gesetz mit dem Rechte der Enteignung.

Wo also das Recht der Gemeinde mit der Aufgabe des Staates in einen solchen Gegensatz geräth, daß die Ausführung für den Verkehr wichtiger Unternehmungen an dem unnachgiebigen Festhalten der Gemeinde an ihrem Rechte zu scheitern droht, muß das individuelle Recht der Gemeinde weichen, insofern und insoweit dieses Recht mit der Aufgabe des Staates im Widerspruche steht. Solche Conflicte zwischen den Interessen der Gemeinde und den Zwecken des Staates können sich oftmals ergeben und müssen stets mit dem Siege der Staatsgewalt enden. Nehmen wir ein Beispiel. Die Gemeinde Wien ist gewiß auf das Lebhafteste daran interessirt, daß Wien eine freie Stadt bleibe. Erst seitdem die Fesseln der Stadtmauern gesprengt worden, hat sich Wien regenerirt und zu einer Großstadt entwickelt und die Umwandlung zu einer Festung würde sicherlich auf die Blüthe und Entwickelung der Stadt die schädlichste Wirkung ausüben. Wenn nun aber seitens der berufenen Factoren die Wiederherstellung Wiens als Festungsstadt, als im Interesse der Landesvertheidigung gelegen, verlangt werden sollte, wer wird daran zweifeln, daß dem Staate zur Realisirung dieses Staatszweckes, der den Interessen der Gemeinde geradezu zuwiderläuft, das Enteignungsrecht auch an Gemeindestraßen zustehe? Ich spreche von Enteignungsrecht und nicht vom Staatsnothrechte,[27]) dem jus eminentissimum, nach welchem der Staat unter der Einwirkung der urgens necessitas, zur Abwendung eines augenblicklichen Nothstandes, ohne jedes Abtretungsverfahren Privateigenthum angreift. Hier in unserem Beispiele handelt es sich nicht etwa um schleuniges Aufwerfen von Schanzen und Wehren gegen den andrängenden Feind, sondern um einen wohlerwogenen, unter sorgfältiger Abwägung aller Verhältnisse gefaßten freien Entschluß der Staatsgewalt, dessen Ausführung unter Einhaltung des gesetzlichen Ver-

---

[27]) Randa a. a. O. S. 132; Prazak a. a. O. S. 9; Schiffner a. a. O. Nr. 46 u. 48.

fahrens durch die Ausübung des Enteignungsrechtes ermöglicht wird.

Auch bei der Tramwayfrage herrscht ein ähnlicher Conflict zwischen den Interessen der Gemeinde und den Aufgaben des Staates. Die Gemeinde erblickt in der Wahrung ihrer autonomen und vertragsmäßigen Stellung, nach welcher sie, wie wir gesehen haben, unzweifelhaft berechtigt ist, der Tramway-Gesellschaft ihre Straßen nur bis zum Jahre 1903 zu überlassen, eine Frage von solch' eminentem Gewichte, daß die Frage, ob die eine oder andere Linie gebaut werden solle, hinter dieser ersten an Bedeutung ganz zurücktritt. Das Interesse der Gemeinde ist es somit, daß die Dauer des Unternehmens nicht gegen ihren Willen über den von ihr bis zum Jahre 1903 gesetzten Termin hinaus verlängert werde. Der Staat dagegen hat schon durch die der Tramway-Gesellschaft bis zum Jahre 1925 ertheilte Concessionsverlängerung seine Ansicht dahin zu erkennen gegeben, daß er dieses Unternehmen, trotz der den dauernden Bestand desselben einschränkenden Rechte der Gemeinde, auch über das Jahr 1903 hinaus als ein gemeinnütziges betrachte. Der Staat ist das höchste und zugleich mächtigste Forum in Ansehung der Frage: Was ist gemeinnützig, was liegt im Interesse des öffentlichen Wohles? und deshalb wird seine Auffassung, die Tramway-Gesellschaft habe als gemeinnütziges Unternehmen bis zum Jahre 1925 das Recht des Betriebes, obsiegen, und zwar aus natürlichen, im Wesen der Staatsidee gelegenen Gründen obsiegen müssen über den dieser Auffassung widerstreitenden Standpunkt der Gemeinde, dessen rechtliche Grundlage ich am allerwenigsten verkenne. In welcher Form aber kann diese überragende Stellung des Staates dem inferioren Rechte der Gemeinde gegenüber zur Geltung gelangen? Einzig und allein in der Form des Expropriationsrechtes! Und hier ist der Ort, die tiefe Kluft zu kennzeichnen, welche die Auffassung, nach welcher der Staat zur Durchsetzung seiner Zwecke das Recht der Enteignung anwenden darf, von jener Auffassung trennt, welche den Staat ohne jegliche Entschädigungspflicht, ohne jegliches Rechtsverfahren über die bedeutendsten Rechte der Gemeinde einfach hinwegschreiten läßt und ihrem Rechte selbst jene Berücksichtigung versagt, welche in ähnlicher Lage das Recht jedes Privatmannes genießt. Die Gemeinde darf aber andererseits nicht beanspruchen, eine Sonderstellung im Staate einzunehmen, gewissermaßen einen Staat im Staate zu bilden, dessen freigesetzte Normen von der Judicatur der Staatsgewalt vollkommen eximirt sind. Die Gemeinde ist nichts Anderes, als ein, wenn auch bedeutendes, so doch dem Ganzen verbundenes und ihm dienstbares Glied, welches den Gesetzen, die durch das Interesse des Staatszweckes auferlegt sind, unterworfen ist. Die Gemeinde kann nur verlangen, daß ihre Ansprüche nach den Grundsätzen des Rechtes beurtheilt werden, und nach Recht und Gerechtigkeit werden diese gemessen durch die Anwendung des Enteignungsrechtes. Denn gerade durch die Anwendung dieses Rechtes documentirt der Staat aufs Feierlichste, daß er den Bestand der Rechte der Gemeinde anerkenne: gerade durch die Anwendung dieses stärksten und kräftigsten seiner Rechte gibt der Staat Zeugniß für die Kraft und Stärke der Rechte der Gemeinde, welche er nur mit Hilfe seines im Interesse des öffentlichen Wohles gegebenen Zwangsrechtes seinen Zwecken dienstbar machen kann, und welche in allen anderen Fällen, in denen der höhere Wille des Staates nicht mit überlegener Macht in dieselben eingreift, in unberührter und unverminderter Intensität fortbestehen.

Die Rechte der Gemeinde sind überdies nach dem Gesetze durch ausreichende Cautelen geschützt. Gegen das Enteignungserkenntniß der politischen Landesbehörde steht binnen 8 Tagen ein Recurs mit aufschiebender Wirkung an die höhere Verwaltungsbehörde zu, und zwar entscheidet über diesen Recurs »das Ministerium des Innern im Einverständnisse mit dem Handelsministerium und den anderen Verwaltungsministerien, deren Wirkungskreis durch die zu entscheidenden Fragen berührt wird« (§ 18 lit. c und d des Eisenbahn-Enteignungsgesetzes). Die Gemeinde hat aber überdies nach Absatz 2 des Art. 15 des Staatsgrundgesetzes vom 21. December 1867 über die richterliche Gewalt, wonach jedem, »der durch eine Entscheidung oder Verfügung einer Verwaltungsbehörde in seinen Rechten verletzt zu sein behauptet, freisteht, seine Ansprüche vor dem Verwaltungsgerichtshofe im öffentlichen mündlichen Verfahren wider einen Vertreter der Verwaltungsbehörde geltend zu machen,« das Recht der Beschwerde gegen das Enteignungs-Erkenntniß an den Verwaltungsgerichtshof, welcher dadurch in die Lage kommt, selbst eine materielle Ueberprüfung des Enteignungs=Erkenntnisses vorzunehmen.²⁸)

Wir wenden uns nun, nachdem wir die Befugniß der Staatsgewalt zur Ausübung des Enteignungsrechtes gegen= über der Gemeinde als unzweifelhaft zu Recht bestehend er= kannt haben, einem weiteren Punkte unserer Untersuchung zu, der Frage nämlich, betreffend das Object der Enteignung. Wenn man auch nicht nach berühmtem Muster als Regel für die Zulässigkeit der Enteignung rücksichtlich ihres Objectes die Antithese aufstellen kann: Wo Eigenthum, da auch Ent= eignung! wo kein Eigenthum, da auch keine Enteignung! weil auch dingliche Rechte (§ 4, Abs. 2 des Eisenbahn=Enteignungs= gesetzes), wie Servituten, Reallasten, Pfandrechte ꝛc. Gegen= stand der Enteignung bilden können, so ist doch der erste Theil unserer Behauptung sicherlich wahr: Wo Eigenthum, da auch Enteignung! Schon die Wurzel der Worte »Ent= eignung«, Expropriation — »Eigenthum«, »proprietas« – – weist uns auf die Bedeutung derselben, als einer — gänz= lichen oder theilweisen — Aufhebung des Eigenthums hin. Grünhut hat zwar, von Anderen abgesehen, in seinem »Ent= eignungsrechte«, einem Werke, das sowohl durch die Tiefe und Originalität der Auffassung, wie durch den Geist und Geschmack der Darstellung in gleicher Weise besticht, die Theorie vertreten, daß an res publicae in publico usu eine Enteignung

²⁸) Randa a. a. O. S. 151; Schiffner a. a. O. Nr. 46.

principiell nicht möglich sei. Ich kann dieser Ansicht in Uebereinstimmung mit Meyer, Randa und Prazak nicht beipflichten, und zwar namentlich deshalb nicht, weil Grünhut's Argumentation, wie ich glaube, die Frage nicht löst, sondern umgeht. Wenn Grünhut sagt, »das öffentliche Gut dient dem allgemeinen Interesse, es kann daher nicht enteignet, das heißt für das allgemeine Interesse erst bestimmt werden,«[29]) so liegt dieser Auffassung eine Verwechslung der Begriffe zu Grunde. Grünhut verwechselt nämlich das objective mit dem Zweckmoment. Gegenstand der Enteignung ist ja das Eigenthum und nicht der Zweck der zu enteignenden Sache, und wenn somit eine Sache eigenthumsfähig ist, so ist sie auch enteignungsfähig. Grünhut steht hier unbewußt unter dem Einflusse der Jhering'schen Theorie, nach welcher schließlich aus den res publicae Stiftungen, piae causae werden, und geräth auf diese Weise, da er wiederholt, ja sogar in derselben Satzverbindung (S. 78), in welcher er die Enteignungsmöglichkeit bei res publicae leugnet, Eigenthum an eben diesen res publicae annimmt, mit sich selbst in einen unlöslichen Widerspruch. Abgesehen von diesem Constructionsfehler, auf den, meines Wissens, bisher noch nicht aufmerksam gemacht wurde, ist Grünhut's »Zwecktheorie« — wenn ich sie so nennen darf — auch nach doppelter Richtung zu eng.[30]) Wenn Grünhut die res publicae sämmtlich als

---

[29]) Grünhut a. a. O. S. 76 u. 78.
[30]) Randa a. a. O. S. 134, Anmerkung 10; Prazak a. a. O. S. 75 ff.

dem »öffentlichen Gebrauch« gewidmet bezeichnet, so übersieht er, daß res publicae auch im Eigenthume von Corporationen, also Gemeinden, Kirchen u. s. w., stehen können, wo der usus publicus nicht im weitesten Sinne aufzufassen ist, sondern erst in letzter Auflösung dem Staate als solchem zugute kommt. Grünhut negirt denn auch ein Eigenthum von Privat-Eisenbahnen — für Gemeinden erkennt er es stillschweigend an — an res publicae,[31]) indem er denselben an dem Grund und Boden, welchen sie zum Zwecke der Befahrung erworben und der nach wie vor öffentliches Gut bleibe, kein Eigenthum, sondern nur ein Benützungsrecht zuerkennt und daher eine Enteignung rücksichtlich des Bahnkörpers weder für nothwendig, noch für möglich hält. Ich halte diese Ansicht Grünhut's insoweit für richtig, als sie die Bestimmung der Privat-Eisenbahnen, dem öffentlichen Interesse zu dienen, entschieden betont; was jedoch diese Ansicht in ihrem zweiten Theile anlangt, daß nämlich Bahnkörper als res publicae nicht enteignet werden können, so ist dieselbe, ungeachtet des Eigenthumes[32]) der Eisenbahnen an ihrem Bahnkörper und ungeachtet ihres ausschließlichen Rechtes zum Betriebe, durch die Gesetzgebung auf das Schlagendste wider-

---

[31]) Grünhut a. a. O. 77.
[32]) Vergl. zu diesem Punkte Unger's System des allgemeinen österreichischen Privatrechtes, I. S. 365, Anm. 13; Randa a. a. O. S. 41. Wappaeus a. a. O. S. 107 u. 115; Exner, Oesterreichisches Hypothekarrecht, I. Abth. S. 22; Tezner, Ueber den Inhalt des Rechtes der Eisenbahn-Unternehmungen an den in das Eisenbahnbuch gehörigen Grundstücken.

legt. So bestimmt der Art. 7 des Gesetzes vom 1. Juni 1883, R. G. Bl. Nr. 103, betreffend die Herstellung einer Abzweigung der Istrianer Staatsbahn von Herpelje nach Triest: »Behufs Verbindung der durch die Südbahnstrecke Divacca-Laibach getrennten Linien des westlichen Staatsbahnnetzes ist mit der Südbahn-Gesellschaft ein Uebereinkommen zu treffen, durch welches der Staatseisenbahn-Verwaltung das Recht eingeräumt wird, unter freier Feststellung der Tarife ganze Züge oder einzelne Wagen im Durchgangsverkehre über die genannte Südbahnstrecke gegen Entrichtung einer fixen Entschädigung (Bahngeld) zu befördern oder befördern zu lassen. Die Einräumung dieses Rechtes kann, falls ein solches Uebereinkommen bis zum Ablaufe des Jahres 1884 nicht zu Stande kommt, im Enteignungswege in Anspruch genommen werden.«

In ähnlicher Weise bestimmt der Art. IX des Gesetzes vom 25. November 1883, R. G. Bl. Nr. 173, betreffend den Bau der böhmisch-mährischen Transversalbahn, daß für den Fall, als ein solches Uebereinkommen (vide oben) nicht zu Stande kommt, »die Einräumung dieser Mitbenützung als dingliches Recht im Enteignungswege in Anspruch genommen werden kann.« Auf das einzuhaltende Verfahren, einschließlich der Ermittlung der Entschädigung, finden in beiden Fällen die Bestimmungen des Eisenbahn-Enteignungsgesetzes vom 18. Februar 1878 mit einigen aus localen Rücksichten gegebenen Ausführungsbestimmungen Anwendung.

Durch unsere letzten Ausführungen ist zugleich auch die zweite Schwäche der Grünhut'schen Auffassung berührt, die den Zweck der Enteignung entgegen dem Standpunkte unseres Gesetzes nicht in der Gemeinnützigkeit des Unternehmens, sondern in der Hingabe der Sache zum öffentlichen, das ist zum Gemeingebrauche, erblickt.[33]) Das Unternehmen, zu dessen Gunsten expropriirt wird, kann auf das Höchste den Interessen des Staates förderlich sein; die Ausführung desselben kann zur Stärkung des einen oder anderen Staatszweckes in der wirksamsten Weise beitragen, ohne daß es seinem Charakter wie seiner natürlichen Anlage nach dem Gebrauche Aller dienen müßte oder auch nur dienen könnte. Die Expropriation zu Gunsten eines Spitales, einer Strafanstalt, eines Bergwerkes, die Expropriation zur Errichtung von Dämmen, Festungen dient unzweifelhaft eminenten staatlichen Interessen, und doch ist der Gebrauch an denselben ein gemeinnütziger, nicht aber ein Gemeingebrauch, mit einem Worte, nicht jeder gemeinnützige Gebrauch ist zugleich ein Gemeingebrauch, und nur die Gemeinnützigkeit der Unternehmung wird nach dem klaren Wortlaute des Gesetzes als Voraussetzung für die Ausübung des Enteignungsrechtes zu Gunsten der Tramway-Gesellschaft anerkannt. Wenn ich also mit Grünhut zugebe, daß die Gemeindestraßen schon dem Gemeingebrauche gewidmet sind, diese also nicht erst dem Gemeingebrauche gewidmet werden

---

[33]) Randa a. a. O. S. 147, Anm. 17; Prazak a. a. O. S. 75 ff.

können, so ist damit noch gar nichts für den in Rede stehenden Fall gesagt. Es gibt eben zwei durchaus von einander verschiedene Arten des Gebrauches an Gemeindestraßen: Einen Gemeingebrauch, der im Gehen, Reiten und Fahren besteht, und einen gemeinnützigen Gebrauch, dessen Ausübung eben durch die Benützung der Straßen seitens der Tramway-Gesellschaft erfolgt. Beide Arten des Gebrauches dienen dem öffentlichen Interesse und zur Erschließung des zweiten, des gemeinnützigen Gebrauches, steht es der Staatsbehörde frei, der Tramway-Gesellschaft die Ausübung des Enteignungsrechtes an Gemeindestraßen zu verleihen. Ich verweise übrigens als praktischen Beleg für die mit den genannten Rechtslehrern vertretene Ansicht, daß an Gemeindestraßen — als an res publicae — die Ausübung des Enteignungsrechtes zu Gunsten einer gemeinnützigen Unternehmung zulässig sei, auf die Entscheidung des Ministeriums des Innern[34]) vom 27. Mai 1872, Z. 6192 u. 6585, in welcher erkannt wird, daß die B.—er Eisenbahn-Gesellschaft die zur Bahnhofanlage in Sm. benöthigte Gemeindeweg-Parzelle nach Maßgabe der Bestimmungen des § 9 lit. c. des Eisenbahn-Concessionsgesetzes vom 14. September 1854 zu erwerben, das heißt zu expropriiren berechtigt ist. Dem Enteignungsrechte sind alle Mitglieder des Staates unterworfen, ja der Staat selbst,[35]) rücksichtlich das Staatseigenthum, kann Object der Enteignung sein, wenn ein gemeinnütziges Unternehmen,

---

[34]) Zeitschrift für Verwaltung 1872 Nr. 43.
[35]) Meyer a. a. O. S. 262.

dessen Realisirung die Ausübung des Enteignungsrechtes erheischt, von der competenten Behörde mit demselben ausgestattet wurde. Die Gemeinde ist aber ein Mitglied des Staates, und ihr Eigenthum unterliegt daher nicht weniger der Machtsphäre dieses Rechtes, als in gleichem Falle dasjenige eines anderen Mitgliedes des Staates oder des Staates selbst.

Anlangend den Umfang der Enteignung ist der im § 365 a. b. G. B. aufgestellte Grundsatz maßgebend. Die Bestimmung des § 365, wornach »ein Mitglied des Staates selbst das vollständige Eigenthum einer Sache abtreten muß,« ist aber zugleich ein gewichtiges Argument für unseren concreten Fall. Denn wenn die Gemeinde verpflichtet ist, sogar das Eigenthum an ihren Straßen abzutreten, so ist nach dem einfachen argumentum a maiori ad minus um so eher die Beschränkung dieses ihres Eigenthums zulässig.[36]) Der § 365 bezeichnet aber die Entziehung des Eigenthums nur als die äußerste Grenze des überhaupt Zulässigen, eine Grenze, die nur im Falle der unumgänglichen Nothwendigkeit zu berühren ist.[37]) In Uebereinstimmung mit dieser richtigen Tendenz des § 365 a. b. G. B. bestimmt das Eisenbahn-Enteignungsgesetz vom 18. Februar 1878, das hier zunächst einschlägt, im §. 2, daß »das Enteignungsrecht nur insoweit ausgeübt werden kann, als die Herstellung und der Betrieb der Eisenbahn dies nothwendig machen.« Das Enteignungsrecht ist ein in die Rechtssphäre des Einzelnen so

---

[36]) Randa a. a. O., S. 135, Anm. 13.
[37]) Schiffner a. a. O. Nr. 48.

tief und empfindlich einschneidendes Recht, daß als Correlat desselben im Interesse der Billigkeit weises Maßhalten und Beschränkung auf das unbedingt Nothwendige geboten erscheint. Die Ausübung des Enteignungsrechtes zu Gunsten der Tramway=Gesellschaft wäre demnach in der Weise zu construiren, daß derselben an der einen oder andern Gemeindestraße ein dringliches Recht bestellt würde und zwar denke ich mir dieses Verhältniß der Tramway=Gesellschaft zu den im Eigenthum der Gemeinde weiter verbleibenden Gemeindestraßen als ein superficiarisches. Der Ausdruck »Benützungsrecht« ist, wiewohl allgemein gebraucht, ungenau und nicht zutreffend; maßgebend in juristischer Beziehung erscheint mir das Ueberspannen der Straßen mit Schienensträngen, und in einer solchen Vorkehrung liegt eben das Recht der superficies, welches ipso jure das Benützungsrecht in sich schließt. Rücksichtlich der Gemeindestraßen wäre, soweit an denselben das Enteignungsrecht zu Gunsten der Tramway=Gesellschaft ausgeübt würde, das Eigenthum der Gemeinde und das in particeller Beziehung wirksame jus in re aliena der Tramway=Gesellschaft, das Recht der superficies, zu unterscheiden.

Zum Schlusse wäre noch in aller Kürze die Entschädigungsfrage zu besprechen. Die harte Pflicht des Einzelnen, sein wohlerworbenes Eigenthum ganz oder zum Theile abzutreten, kann nur in Etwas gemildert werden durch die angemessene Vergütung für diese Entziehung, beziehungsweise Beschränkung seines Rechtes. So bestimmt denn der § 365 a. b. G. B., daß die Enteignung nur »gegen angemessene Schad=

loshaltung« zulässig ist; der § 4 des Eisenbahn=Enteignungs= gesetzes sagt ausdrücklich, daß »die Eisenbahn=Unternehmung verpflichtet ist, dem Enteigneten für alle durch die Enteignung verursachten vermögensrechtlichen Nachtheile Entschädigung zur Bewirkung der dem § 365 a. b. G. B. entsprechenden Schabloshaltung zu leisten,« bei welcher Schabloshaltung blos der Werth der besonderen Vorliebe (§ 7 Eisenbahn= Enteignungsgesetzes Abs. 2) nicht zu berücksichtigen ist.[38])

Entschädigungsberechtigt in unserem Falle ist nur die Gemeinde als Eigenthümerin der Gemeindestraßen; von einer Entschädigung der im § 5 des Eisenbahn=Enteignungsgesetzes genannten Nebenberechtigten, als Nutzungs= und Gebrauchs= berechtigten, kann überhaupt keine Rede sein, da das Recht des Gemeingebrauches, wie wir oben gezeigt, gar kein Privat= recht ist und diesen übrigens, gleich den Bestandnehmern, von dem weiter der § 5 spricht, ein Nachtheil durch die Enteignung nicht erwächst, da die Straßen ihrer früheren Bestimmung nicht entzogen werden. Die in Folge der Enteignung zu leistende Entschädigung kann durch ein im Sinne des § 22 lit. b zulässiges Uebereinkommen[39]) zwischen Gemeinde und Tramway=Gesellschaft bestimmt werden. Wenn ein solches Uebereinkommen nicht zu Stande kommt, so ist zur Fest=

[38]) Randa a. a. O. S. 169 ff.; Prazak a. a. O. S. 155 ff.
[39]) § 22 des Eisenbahn=Enteignungsgesetzes, lit. b: Als zulässig ist ein solches Uebereinkommen (zwischen der Unternehmung und dem Ent= eigneten) nur dann anzusehen, wenn es an dritten Personen fehlt, denen ein Anspruch auf Befriedigung aus der Entschädigung auf Grund ihrer dinglichen Rechte zusteht u. s. w.

stellung der Entschädigung das Bezirksgericht, in dessen Sprengel die Enteignung zu vollziehen ist, berufen (§ 23, Abs. 2. des Eisenbahn=Enteignungsgesetzes). Dieses zuständige Bezirksgericht mißt die Entschädigung unter Zuziehung von drei blos zu seiner Information bestimmten Sachverständigen, welche aus der vom Oberlandesgerichte jährlich aufzustellenden Liste von Sachverständigen zu wählen sind (§ 24, Abs. 1 u. 2 des Eisenbahn=Enteignungsgesetzes), ohne an Beweisregeln gebunden zu sein, aus (§ 30, Abs. 1 des Eisenbahn=Enteignungsgesetzes).[40])

Was nun den Gesichtspunkt anbetrifft, von welchem die Entschädigung festzusetzen ist, so wird von Vergütung eines eigentlichen Schadens, den die Gemeinde etwa erleidet, kaum die Rede sein können; denn der Werth der Straßen für die Gemeinde wird ja durch eine intensive, im Interesse des Publicums für die Tramway=Gesellschaft erweiterte Benützung derselben nicht vermindert, sondern vielmehr erhöht. Es wird daher die Entscheidung zu begreifen haben: erstens die Entrichtung eines Platzzinses, eines solarium als Entgelt für die Ueberlassung der Straßen, eine Forderung, die schon aus dem von uns angenommenen Rechtsverhältnisse der superficies fließt, und zweitens eine Vergütung, beziehungsweise einen verhältnißmäßigen Beitrag für den durch die Etablirung der Tramway=Unternehmung im Interesse der Erhaltung der

---

[40]) Diese Entscheidung kann mittelst des Recurses innerhalb der Frist von 14 Tagen angefochten werden (§ 30 des Eisenbahn=Enteignungsgesetzes, Abs. 2 und 3).

Straßen in gutem Zustande erheischten Mehraufwand der Gemeinde. Nur in dem Falle, als der Tramway-Gesellschaft die Ausübung des Enteignungsrechtes in Ansehung einer Straße von solch' unzureichender Breite verliehen würde, daß dieselbe der Ausübung des gewöhnlichen Verkehrs in Folge der Tramwayanlage nicht genügt, müßte die Gesellschaft der Gemeinde jene Summe leisten, welche erforderlich ist, um die entsprechende Verbreiterung der Straßen durchzuführen; denn die Erhaltung der Straßen zum Gemeingebrauche bleibt unter allen Umständen deren vornehmste Bestimmung und der gemeinnützige Gebrauch soll seinem ganzen Wesen nach den Gemeingebrauch nicht behindern, sondern vielmehr fördern und entwickeln. Die Gemeinde ist übrigens durch die Fürsorge des Gesetzes, welches die Bestimmung des Entschädigungsbetrages dem freien Ermessen eines auf Grund aller in Frage kommenden Verhältnisse erkennenden unabhängigen Richters anvertraut, sicherlich vor einer Benachtheiligung ihrer Vermögensrechte geschützt.

Wir haben somit die Frage der Zulässigkeit der Ausübung des Enteignungsrechtes zu Gunsten der Tramway-Gesellschaft rücksichtlich der Gemeindestraßen ihren wesentlichen Voraussetzungen nach geprüft und gefunden, daß sämmtliche Voraussetzungen für die Bejahung dieser Frage sprechen. Die Enteignung würde in unserem Falle bedeuten: Die Versöhnung zwischen dem Widerstreit der subjectiven Interessen der Gemeinde und den objectiven Zwecken des Staates; sie wäre eine Lösung, würdig der hehren Stellung des Staates, welcher seine Macht in der Form des Rechtes gebraucht, würdig auch der Gemeinde, welche dem Rechte des Staates als Form seiner Macht sich beugt!